中国少数民族人口丛书

傣族

翟振武 主编

包路林/著

中国人口出版社
China Population Publishing House
全国百佳出版单位

图书在版编目（CIP）数据

傣族/包路林著．—北京：中国人口出版社，2014.7（2022.7重印）

（中国少数民族人口丛书）

ISBN 978-7-5101-2668-0

Ⅰ.①傣…　Ⅱ.①包…　Ⅲ.①傣族－民族文化－中国　Ⅳ.①K285.3

中国版本图书馆 CIP 数据核字（2014）第 154369 号

中国少数民族人口丛书　傣族

ZHONGGUO SHAOSHU MINZU RENKOU CONGSHU　DAIZU

翟振武　主编　包路林　著

责任编辑	张宏文
美术编辑	刘海刚
责任印制	林　鑫　王艳如
出版发行	中国人口出版社
印　　刷	北京兴星伟业印刷有限公司
开　　本	710 毫米 ×1000 毫米　1/16
印　　张	11　插 1
字　　数	156 千字
版　　次	2014 年 7 月第 1 版
印　　次	2022 年 7 月第 2 次印刷
书　　号	ISBN 978-7-5101-2668-0
定　　价	45.00 元

网　　址	www.rkcbs.com.cn
电子信箱	rkcbs@126.com
总编室电话	(010) 83519392
发行部电话	(010) 83510481
传　　真	(010) 83538190
地　　址	北京市西城区广安门南街 80 号中加大厦
邮　　编	100054

中国少数民族人口丛书编委会

序

如果把一个民族比作一颗星星，那我们就是生活在一个繁星满天的世界。当今世界上有约3000个民族，分布在200多个国家和地区，绝大多数国家由多个民族组成。中国也是同样，是由各族人民共同缔造的统一的多民族国家。在漫漫的历史长河中，生活在中华大地上的各族人民密切往来、交流融合、团结奋斗、休戚与共，形成了一个伟大的强盛的中华民族大家庭，共同开发了祖国的美好河山，共同推动了国家的发展和社会的进步。

在中华民族的大家庭中，有56个成员，其中有55个是少数民族。新中国成立以来，少数民族人口一直持续增长。1953年第一次全国人口普查时，少数民族人口总数为3532万人，占全国总人口的6.1%。2010年进行第六次全国人口普查时，少数民族人口总量达到了1.14亿，几乎是1953年的3倍，占到了全国13.4亿人口的8.5%。各少数民族人口数量相差较大，如壮族有1693万人，回族1059万人，满族1039万人，维吾尔族1007万人，而赫哲族只有5354人，塔塔尔族3556人，独龙族6930人。中国各民族的人口分布呈现大散居、小聚居、交错杂居的特点。汉族地区有少数民族聚居，少数民族地区也有汉族居住；许多少数民族既有一块或几块聚居区，又散居全国各地。中国少数民族聚居区大都地广人稀，资源富集。少数民族地区的草原面积，森林和水力资源蕴藏量，以及天然气等基础储量，均超过或接近全国的一半。全国 2.2 万多公里陆地边界线中的 1.9 万公里在民族地区。全国的国家级自然保护区面积中民族地区占到 85%以上，是国家的重要生态屏障。中国各民族的起源和经济、社会、文化的发展有着本土性、多元性、多样性的特点，五彩缤纷，丰富多彩。

要全面认识中华民族，就要从认识每一个民族开始。正是从这个理念出发，我们编写了这套《中国少数民族人口》大型系列丛书，力图从历史、文化、经济、社会等各个方面，用准确、科学、生动的语言，全方位描述和展现各少数民族灿烂辉煌的历史和现状，编织出一幅绚丽多彩的中华民族大家庭的“全家福”。

编写这样一套大型系列丛书，难度非同一般。几经论证和深入研讨，最终形成了编写大纲，这套丛书各个分卷的作者绝大多数由少数民族作家担任，他们不仅熟悉自己民族的历史和文化，而且对本民族有深厚的感情。在国家新闻出版总署、国家人口计生委和中国人口出版社的大力支持下，作者们历经数年，几易其稿，终成此书。值此丛书出版之际，我们衷心地祈愿这幅“全家福”能为民族的交流和团结，为中国的文化建设，为整个中华民族的繁荣昌盛，作出一份微薄的贡献。

翟振武

2012 年 5 月于北京

PREFACE

Every nationality sparkles like a star in the firmament. Now we have about 3000 stars distributed across the world in more than 200 countries, most of which are multinational. So is China, which consists of a number of nationalities. For centuries, all the nationalities have lived together, worked together and fought together, making China a prosperous unified multinational country.

Of all the 56 nationalities in China, 55 are minorities whose population has been increasing since the founding of The People's Republic of China. According to the first census in 1953, the minority population was about 35. 32 million, accounting for 6. 1 percent of China's total population. By 2010, the number had almost tripled. According to the sixth census, the population of the minorities amounted to 114 million, making up 8. 5 percent of the 1. 34 billion people in China. The population size of minority groups varies a lot. Some of them have a large population, for example, the Zhuang Nationality has a population of 16. 93 million; the Hui has 10. 59 million people and the Manchu consists of 10. 39 million people. Some of the minorities are quite small, such as the Hezhe, the Tatar and the Drung nationalities, which have populations of 5354, 3556 and 6930, respectively. China's nationalities live together over vast areas with some living in individual, concentrated communities in small areas.

Some minorities'concentrated communities are scattered among the Hans, and some Han people also live in the minority communities. Some minorities may have one or more concentrated communities, while their people spread all over the country. Most minorities'concentrated communities have their people sparsely distributed in large areas with abundant resources. The grassland, forest, water and natural gas reserves in areas inhabited by minority people account for about half of China's total. Further, 19 000 kilometers of the nation's 22 000-kilometer land boundary are in minorities'communities. In addition, 85 percent of the country's state-level natural reserves are in the minority areas, making the people important guardians of China's ecology. Each of the nationalities'origin is unique, and their development of economy, society and culture is full of variety.

Only by learning every aspect of the minorities'lifestyle can we have a comprehensive understanding of the Chinese nation. Under this notion, we write this series of books on the Population of China's Minorities to provide a detailed picture of our Chinese nation, with the glorious past and prosperous present of the country's minorities.

It is through trials and tribulations that we write this spectacular series of books. Most of the authors, who have profound knowledge of the minorities and wrote the books with their strong emotions, are members of minority groups. With the great support of the National Publication Foundation, the National Population and Family Planning Commission and China Population Publishing House, the authors completed the books after years of unremitting endeavor.

On the publication of this series of books, we are looking forward to seeing these books contribute to the unity of the Chinese nation and help our country flourish in the future.

Zhenwu Zhai
Beijing
May 2012

目录

Contents

综述

千百年来，傣族以“孔雀”的优美形象在中华大地上独树一帜。翠绿的凤尾竹、雅致的竹楼、悠扬的葫芦丝以及靓丽的傣族少女，共同勾勒了一幅美丽的傣乡风俗画。其实，“美丽”仅反映了傣族的一面，傣族还有很多面有待我们深入了解。

傣族是与水结缘的民族。

傣族与水有着割舍不断的深情，还被称为水的民族。民谚说“泡沫跟着波浪漂，傣家跟着流水走”，“水创世，世靠水”。傣族心目中的水，是孕育万物的乳汁，是生命的血源。确实，傣族离不开水，他们以水为生，临水而居，水生水长，这也成就了他们悠闲、委婉、柔和、多情的民族性格。

傣族生活在我国西南端森林茂密的亚热带，群山环抱的河谷平坝地区。这里四季常春、阳光明媚，雨量充沛，河流纵横，动植物资源丰富。高黎贡山、怒山、云岭、哀牢山、无量山到了这里逐渐平矮，怒江、澜沧江到了这里又变得平坦而宽阔，山山水水之中形成了富饶的傣乡。得天独厚的鱼米之乡，给傣族人民提供了优裕的物质生活条件。

我国傣族现有人口约126万人，全国各省、自治区、直辖市均有分布。傣族主要聚居在云南省西双版纳傣族自治州和德宏傣族景颇族自治州，沿着澜沧江两岸的景谷、双江等县，沿着红河沿岸的新平、元江、金平等县，沿着金沙江边的华坪、大姚等县也有傣族居住。

《蛮书》中记载："茫蛮部落……孔雀巢人家树上。"傣族世居在密密丛林围绕着的竹楼之中，生活在潺潺流水环绕着的村寨之间，到处是绚丽多彩的奇花异草和郁郁葱葱的椰林翠竹。诗一般的意境陶冶了傣族人民的智慧，滋养了他们的创作灵感。傣乡的美景恰如傣族叙事长诗《相勐》中所描写的那样"无边的坝子翠绿如茵，淙淙的溪水绕着竹林人家，密密的椰子树顶着蓝天，高高的佛塔挂满彩霞。"

傣族是具有悠久历史的民族。

傣族是一个跨界民族，与我国广西的壮族、泰国主体民族泰族、缅甸的掸族等东南亚地区的很多民族有着共同的渊源。傣族在悠悠历史长河中逐渐形成了自身优秀而灿烂的传统文化。傣族文化的基本特点是以自身文化为主干，在吸收中原文化的同时，还广泛吸收印度和东南亚地区的文化，形成了一套有着广泛群众基础的本民族文化。古老的稻作文化、贝叶文化、原始崇拜和宗教信仰以及建筑、服饰、文学都流传至今。

傣族的原始宗教活动比较普遍，如祭祀寨神、寨鬼、农业祭祀、狩猎祭祀、灵物崇拜等。傣族还信奉南传上座部佛教。佛教传入傣族地区后，与当地的原始宗教相互宽容，融合渗透，共存共荣，形成了二元化的宗教信仰。这种二元的宗教信仰使得佛爷会和村民一起祭祀社神，管理村社宗教的"波赞"也会带领村民去拜佛。佛教在长期的宣扬和传播之中已深深渗透到傣族日常生活，傣族社会的思想、行为、道德、伦理、语言、文字、礼仪、习俗等无不蕴含着佛教的影子。傣人在心理上依赖佛祖的庇佑，行动受到佛教思想和感情的制约，但凡生育、起名、嫁娶、丧葬、患病、盖房、出远门或归来、丰收等人生中重要的活动均要举行佛教仪式。他们把佛爷当作佛祖的化身，遇到

任何问题都要向佛爷请教。

傣族人在数千年的历史长河中，不断认识了大自然，了解了大自然，并同大自然和各种危害人类的疾病作斗争，形成了我国少数民族医学之一——傣医。傣医的成就不仅在于发明了很多就地取材的奇方良药，也在于其独特的“四塔五蕴”、“药食同源”的养生理论体系。

傣族是自信而开放的民族。

“傣”，意为酷爱自由与和平的人。如获眷顾的地理条件、美丽的田园风光、肥沃的土地，赋予了傣族莫大的民族优越感。

傣族地区的贸易发展由来已久。《云南志略》记载：“以毡、布、茶、盐互相贸易。”《西南夷风土记》中亦载：“鱼盐之利，贸易之便，莫如车里。”傣族居住地区盛产稻谷及甘蔗、樟脑、咖啡等经济作物，还有野象、犀牛、金丝猴、孔雀等珍禽异兽，被称为“孔雀之乡”。

傣族人的生活与艺术戚戚相关。他们不仅能歌善舞，而且还创造了灿烂的文化。傣族泼水节、赞哈演唱、象脚鼓、叙事古诗《召树屯》、普洱茶制作技艺、贝叶经制作技艺、慢轮制陶技艺、傣族织锦技艺、傣族医药已被列入国家级非物质文化遗产名录。傣族人很早就开始用棉布和丝绸织锦，以织布上的“美丽云霞”制作成各种各样的生活布艺，明朝时期的“摆夷棉”就远销内地，中央王朝所用的“丝幔帐”、“绒绵”等贡品做工极为精致。

傣族生活到处充满了美。精巧而实用的竹楼，绚烂而缤纷的傣族服饰，优美而婀娜的音乐和舞蹈，丰富而动人的传说和故事，神秘而独特的文身和染齿，欢腾而热闹的节庆和习俗，生活中如影随形的大象和孔雀……而最为美丽的是傣族少女，她们服饰精美、容姿秀丽、能歌善舞，构成了一幅迷人的景致。人们在提到傣族少女时，总是用尽溢美之词。的确，傣家少女身材苗条，面目娇媚，有了花筒裙的装束，恰如孔雀开屏一样，五彩缤纷，真可谓美不胜收。

傣族是享受生活的民族。

如果想最为集中地了解傣族的风俗，那么在节庆时来到傣乡将能够深深地感受到傣族生活的浓浓风情。泼水节是傣族最盛大的节日，也是傣族的新年，这一节日通常会持续很多天，一般在每年的4月。在这欢快的节庆时分，可以和虔诚的傣族人民一起来到佛寺赕佛，可以和傣家人一起尽情地相互泼水，可以欣赏美丽的傣族音乐和诗歌，可以参与到群众性的舞蹈中去，还可以观看划龙舟比赛、放高升，等等。丰富而多彩的活动让人应接不暇，仿佛置身于一个欢乐的水世界，酣畅淋漓地体会纵情与奔放的感觉，怎么也舍不得离开。

傣族人的日常生活以开门节和关门节为节点分成两个部分。开门节到关门节的九个月中，人们或外出访友，或谈情说爱，或举办各类活动，热闹非凡；而在关门节至下一个开门节的三个月中，因农忙而专心于农业生产，同时举行各类盛大的赕佛活动。

傣族的“串姑娘”是青年恋爱的有趣形式，充满着独具韵味的热带风情。在月光下摇曳的凤尾竹林，美丽少女穿上心仪已久的筒裙，等待着心上人的到来。而英俊的小伙子来到之后，他们就用葫芦丝、用歌声传递着相互的爱慕之情，上演着浪漫的傣乡爱情故事。

傣族的饮食也颇具风味。多食糯米或粳米，这里的米色泽润白如玉，香软适口，美味且营养价值高。傣族的佐餐主要以酸味为主，如酸笋、酸豌豆粉、酸肉、酸果，等等。茫茫的雨林之中生存着很多昆虫，傣族喜吃蝉、蚂蚁蛋等昆虫，形成了独特的风味食品。茶是傣族地区的特产，而闻名内外的普洱茶的原产地就在西双版纳。来到傣家，会看到家家火塘上煨有一罐浓茶，随时可以饮用。

如今，这美丽而神秘的孔雀之乡已经逐渐揭开神秘的面纱，走向了国际化、现代化的富裕之路。热带雨林的自然景观、丰富的生物多样性、奇异的民族风情、边境的区位优势等都为傣族地区的经济发展

创造了得天独厚的条件。西双版纳很早就开发了旅游业，20 世纪五六十年代就已闻名内外。德宏以及其他傣族地区也同西双版纳一样有着极具吸引力的发展条件。蜚声世界的普洱茶、神秘的热带雨林、丰富的物产资源、浓郁的民族风情、古老的传统文化等均构成傣族地区的发展动力，正在为傣族人编织一个更为美丽的锦绣未来。

第一章

江河哺育的民族

激浪千回转
呼啸破山岩
烟波春无限
相望两丛林……

这就是澜沧江，中国最长的南北向河流。

澜沧江是傣族的母亲河。千百年来，在祖国的西南，这条奔流的江河孕育了傣族，见证了这个民族的繁衍生息和变迁发展。在河边生活的傣族人创造了悠久、丰富而灿烂的文化，他们用千年的时间向我们讲述了一段精彩纷呈的傣家故事。

第一节　同饮一江水

澜沧江是一条国际河流，被称作“东方多瑙河”。它自青藏高原奔腾而下，开始是雪山和高原，到了云南，它劈开横断山脉，在高山峡谷中奔流而下，经过美丽的梅里雪山，从西双版纳流出中国。出境后改称湄公河，流经缅甸、老挝、泰国、柬埔寨、越南东南亚五国，最

终在越南胡志明市以南注入太平洋。因此，从更广阔的层面上，澜沧江也被叫做澜沧江——湄公河，而这条河两岸的区域也被叫做大湄公河次区域。我国的傣族则主要居住在大湄公河次区域。

一、澜沧江边的民族

傣族自古以来均沿着大江大河迁徙，一直对澜沧江情有独钟，在这条母亲河的周边世世代代延续着。“澜沧江”的名字也来自于傣语，古时傣族称澜沧江为“南澜掌”（或“南兰章”），意为“百万大象繁衍的河流”。由于“澜沧”与“兰章”音相近，“兰章”就被汉族文人写成了“澜沧”，并在末尾加上了个“江”字，于是就有了广为熟知的“澜沧江”一称。

澜沧江——湄公河是世界第六大河，亚洲流经国家最多的河，全长约4900公里，流域总面积约81万平方公里。世界上没有任何一条河流像澜沧江——湄公河这样丰富复杂。从河源至河口，它的流域涵盖了地球上除沙漠以外气候环境的全部形态，从北到南，跨越了温带、亚热带和热带。这里资源丰富，历史悠久，长久以来都洋溢着多姿多彩的民族文化。

澜沧江　（博林摄）

大湄公河次区域居住着约2.5亿人，其中傣族约5000万人，是其重要的民族成分之一。历史上的傣族曾经顺着大小江河频繁迁徙，寻找可以种植水稻、修筑稻田灌溉设施的地点。经过数千年的变迁，除我国的云南省之外，缅甸的掸邦，泰北的清莱、清迈、帕耀、难、夜丰颂、南奔、南邦等府，老挝的丰沙里、南塔、回晒等省，越南的莱州、老亍、山罗、清化、义安等省以及印度的阿萨姆邦等地区均有傣族分布。由于受到汉文化、印度文化、氐羌文化和高棉文化的影响，不同地区的傣族文化出现了差异，支系构成变得很复杂，名称也多种多样。然而，不论怎样，这些民族都保留了民族识别中最为重要的共同语言特征、文化特征和人种特征，使这些民族归类为同一民族。

在中国，澜沧江始于藏民的生活，在傣民的生活中结束。中国境内的澜沧江全长 2198 公里，流经青海、西藏、云南三省，其中在云南境内 1247 公里，流域面积 16.5 万平方公里，占澜沧江——湄公河流域面积的 22.5%。在西双版纳，澜沧江的流程约 160 公里。西双版纳境内澜沧江支流纵横交错，有罗梭江、南腊河、南阿河、流沙河、南果河、南览河等主要河流，形成了肥沃的平原，使傣家人在这里过着富足、安乐的生活。

二、同根同源的傣泰民族

从严格意义上说，傣泰民族是指分布在中国及东南亚、南亚国家的同民族渊源的傣族与泰人。在中国被称为傣族，而在其他国家基本被称为泰族。由于这一族体系内存在着众多支系，因此傣与泰都是总的族称，在称呼不同的支系时往往还在总称前后加上支系名，例如中国的傣泐、越南的红泰、黑泰等。

在澜沧江——湄公河两岸，傣泰民族世世代代繁衍生息，虽然有着国家和民族支系之间的很多差别，但同样的土地、同样的河水、同

样的根源仍然使这些民族之间总是有着千丝万缕，剪不断理还乱的联系。在云南的西双版纳，人们还将澜沧江叫做“九龙江”。有趣的是，在越南，当地人认为湄公河像是横卧在大地上的九条龙，也叫它“九龙江”。这条河流在流出中国之前和流入大海之前居然被当地人起了同样的名字，冥冥之中似乎隐喻着沿江不同民族之间无法割断的共同认知与渊源。

根据考古工作者在我国云南省滇池、景洪、勐腊、孟连等地和其他省、区发掘出的新石器时代的文物发现，以及在泰国班清、北碧、黎府等地出土的大量石器、青铜器等历史证据表明，远古傣族先民就生息在川南、黔西南、桂、滇东以西至伊洛瓦底江上游，沿至印度曼尼坡广阔的弧形地带，即我国云南、广西大部，四川、贵州部分区域和老挝、泰国北部、缅甸、印度阿萨姆等广大区域，后渐向西南迁徙。

虽然傣泰民族广泛分布在很多国家，但无论怎样，同一方水土养育的这些民族，形成了共同的文化，铸就了共同的心理状态与文化认同，从而构成了今日的傣泰民族文化圈。在这文化圈中，各民族有着共同的语言、宗教、习俗、艺术基础，形成了相似的文化特征。例如，傣泰民族均种植水稻，并形成了牛耕、农业祭祀、节庆、生活习俗等各种与水稻种植相关的文化，均居住在干栏式传统住房中，具有共同的语言基础，喜好同样的食物，等等。

由于长期的迁移，受到地域分布、不同国家政治制度和文化差异、其他民族文化的影响等因素影响，傣泰民族的各个组成部分也形成了各自的特点，即所谓傣泰文化的差异性和多样性。例如，泰国对外开放程度较高，旅游业比较发达，受到外来文化影响较深。因此泰族文化形成了自己既秉承传统，又杂糅多种文化因素的独特风格；缅甸掸族由于受中国文化的影响较多，语言文字和许多生活用语与我国傣族语言相通。掸邦境内受佛教影响也较深，佛寺庙宇遍及各村寨，寺庙、佛塔的建筑形式和佛教节日及佛事活动都和我国傣族相似。

我国傣族在长期的历史发展中，因其分布上所处的通内联外的特殊地理位置，与中原内地和东南亚国家都保持着密切的经济文化上的交流。古往今来，中原地区通过穿越傣族地区的“南方丝绸之路”、“蜀身毒道”（四川到印度，蜀为四川，身毒为印度），与东南亚国家和印度有着长期往来。傣族地区成为通商的必经道和货物的集散地，丝绸、茶叶、土杂等物出境，换回宝石、玉器等，促进了当地和中原地区的经济发展。南传上座部佛教也经东南亚国家传入，在傣族地区扩散和发展起来，为傣族文化增加了更为神秘的色彩。而今，这种经济与文化上的交流更为兴盛，古老的“南方丝绸之路”继续发挥着更为积极的作用。

三、水韵悠长

自古以来傣族先民就繁衍生息在我国的西南地区。傣族共有九大支系，其中，怒江、金沙江流域一支，澜沧江流域三支，元江流域五支。

不同支系的傣族人既保持着共同的文化特征，又形成了不同的支系文化。随着时间的推进，傣族的日常生活受到中原文化的影响越来越多，不同地区的傣族所受的影响程度不尽相同。这样，通常汉人将傣族通俗地分为“水傣”和“汉傣”两种。“水傣”主要是指居住在西双版纳境内和瑞丽等部分地区的傣族，这里的傣族受汉文化的影响相对较小，保持了更多传统文化因素。他们的生活习性和特征都与水有着特殊的关系，因而被称为“水傣”；“汉傣”主要指分布在德宏的大部分地区，以及红河流域的景东、景谷等地区的傣族。这部分傣族受汉文化的影响比较深，不住干栏式建筑，很多也不过泼水节，而过汉族的春节，所以被称为“汉傣”。又因为“汉”与“旱”同音，为了与“水傣”形成更鲜明的对比，“汉傣”也称为“旱傣”。

花腰傣（傣亚支系的他称）是傣族各支系中非常特别的一个。他们的名称主要来源于其古朴典雅且雍容华贵的服饰。花腰傣服饰最为独特之处在于腰部，通常他们用各种彩带束腰，图案鲜艳且绚丽，挂满各种银铃，成为名副其实的“花腰”。很多人给花腰傣冠以很多美丽而传奇的名字：古代民族迁徙的落伍者，傣族原生型文化的传承者等。繁衍生息在哀牢群山、红河之畔的花腰傣长久以来地处偏僻、封闭的环境，使得他们完整地保留了古傣先民古朴原始的自然崇拜、祭祀、巫术、染齿、文身、服饰和赶花街等习俗。在层层梯田环绕的哀牢山中，火红的凤凰花映红的戛洒江岸，花腰傣人掩映在江岸古林间的村寨、古堡式民居之中，以典雅的服饰、多彩的风情、奇异的习俗形成了独特的文化脉络，引起了海内外的广泛关注。

德宏傣族　（博林摄）

花腰傣的来历有着一个美丽的传说：公元前 5 世纪至 1 世纪，古越人的一支在滇中建立了强大的古滇国。秦王朝统一中国时，古滇国被迫南迁。在以部落为单位的迁徙队伍中，有一支贵族部落，穿戴着华丽的花腰服饰，挑金担银，拖儿带女，历尽艰险，在山谷中行进，像一团彩云在葱郁的丛林中流动。衣着华丽的他们行进缓慢，落在了整个队伍的后面。在他们中间，木质轿子中坐着身份与众不同的首领。

当行至红河谷地的一个岔路口时，为了辨别方向停了下来。岔路口的周边，他们发现被砍倒的芭蕉已经长出新芽，嫩黄的色泽引起众人的注意。一个随从将一段新芽砍下，递给木轿中的一个威武男人，男人用舌尖舔了舔新芽，说道："他们已经走远了。"身边一位颇有威仪的女人若有所思地说："那，我们就留下吧？"其实，从来不知道砍倒的芭蕉树会很快倒抽芽的贵族们，以为前面的队伍已经走了很久，索性放弃了追赶，在哀牢山的红河谷中停下了前进的步伐。谁都不曾想到，这一留，就是世世代代。而迁走的其他部落最终落脚在西双版纳和德宏等地。这些"迁徙中的落伍者"便是花腰傣的前身。他们究竟来自何方，又要去何处，如今已无法确切知晓。有人说他们是古滇国的遗贵，也有人说他们源于古代的百越，还有人说他们是编织爱情的民族……

第二节　风情版纳我的家

在我国，傣族在各地均有分布，主要分布在云南省，其中以西部和南部边疆的西双版纳和德宏地区最多。傣族主要居住在河流下游冲击而成的平坝或盆地之中，这里土地广阔而肥沃，风景优美而秀丽，是安居乐业的理想之地。

一、彩云之南

云南省地处我国西南边陲，以丰富多彩的风俗民情，宜人的气候而闻名。美丽富饶的云南是祖国西南边疆的一块宝地，它土地辽阔、山川壮丽、资源丰富，是中华民族发祥地之一。早在170万年前，元谋人就在这里繁衍生息。

云南具有绚丽多姿的民族风情和底蕴深厚的地方历史文化，有着

“云之南”、“彩云之南”的诗意别称。《云南通志》载：“汉武年间，彩云见于南中，谴吏迹之，云南之名始于此。”《南诏野史》亦载：“彩云现于龙兴和乡，县在云之南，故名云南。”

“岭峦涌作千顷海，峰簇栽成万仞葱”。从海拔仅 76 米的南溪河与红河汇合之处走向高达 6740 米的德钦梅里雪山卡格博峰，云贵高原以平均每公里 6 米的节律抬升着，宛如一座绿葱葱的九百里天梯。闻名于世的金沙江、怒江、澜沧江“三江并流”，经这里流向远方，险峰峡谷纵横交错，江河溪流源远流长，湖泊温泉星罗棋布，造就了这块神奇美丽的乐土。

根据 2010 年第六次全国人口普查数据，全国的傣族人口有 1 261 311人，其中云南省有 1 222 836 人，傣族人口主要分布在云南省。云南省少数民族人口共约 1534 万人。其中傣族人口约占少数民族人口的 8%，各民族分布呈“大杂居、小聚居”的特点。当前，云南共有两个傣族自治州和七个傣族自治县，分别为西双版纳傣族自治州和德宏傣族景颇族自治州，孟连傣族拉祜族佤族自治县、耿马傣族佤族自治县、元江哈尼族彝族傣族自治县、新平彝族傣族自治县、金平苗族瑶族傣族自治县、景谷傣族彝族自治县和双江拉祜族佤族布朗族傣族自治县。其中西双版纳傣族自治州是云南最早的民族自治州。

傣家人中还传颂着对美丽家乡的动人传说：1000 多年前，奔流不息的澜沧江边，盛开着 101 朵花。茫茫的大森林里，有 101 个国家。在这 101 个国家中，最美丽、最富饶和治理得最好的是勐董板，即人人都向往的孔雀国。据说，孔雀国位于茫茫森林边缘，那里的山最绿、水最清、花最香，人也长得最漂亮。每个人都有一件孔雀羽衣，穿在身上便可以飞。在这个国家里，人人有事做，个个有饭吃，没有吵架，没有盗窃。大人知书达理，小孩天真活泼，村村寨寨和睦相处，官家百姓都以善待人。这样美的地方就是让所有人称赞和向往的傣家故乡。

美丽的彩云之南　（周威摄）

二、理想而神奇的乐土

西双版纳是我国唯一一个只由傣族命名的民族自治州。这里聚居着傣、哈尼、拉祜、布朗、基诺等13个少数民族，占全州人口的74%。其中傣族人口最多，占全州人口的35%。西双版纳美丽、富饶、神奇、到处青山绿水，郁郁葱葱，犹如一颗璀璨的明珠镶嵌在祖国西南的边疆，被誉为“孔雀故乡”。这里以神奇的热带雨林自然景观和傣族等少数民族风情而闻名于世，如今已是中国的热点旅游城市之一。

西双版纳，古代傣语为“勐巴拉那西”，意为“理想而神奇的乐土”。“西双”傣语为“十二”的意思，“版纳”是一千亩之意，即一个版纳为一个征收赋役的单位。西双版纳即为十二个“版纳”，分别是版纳景洪、版纳勐养、版纳勐龙、版纳勐旺、版纳勐海、版纳勐混、版

纳勐阿、版纳勐遮、版纳西定、版纳勐腊、版纳勐捧和版纳易武。明代隆庆四年（1570 年）宣慰司（当地最高的行政长官）把辖区分十二个“版纳”，从此便有了“西双版纳”这一傣语名称。

西双版纳的名字也有着一段美丽的传说。相传，傣族王子召树屯率领一批青年人在森林里狩猎，他们发现了一只美丽的金孔雀，追了七七四十九天，怎么也追不上。他们越往前追，沿途的景色就越神奇美丽，森林繁茂蔓藤缠绕，奇花异草争奇斗艳，珍禽异兽频频出没，溪水清澈常流不断，坝子肥沃一望无际，恰如人间仙境。当他们快追上金孔雀时，眼前出现了一个美丽的金湖，湖里开遍了芳香四溢的莲花。金孔雀纵身一跃，消失在金湖里。召树屯王子和青年猎手们追到湖边，看见湖里徐徐升起一朵巨大的千瓣莲花，在众多的莲花中鹤立鸡群，特别引人注目。召树屯说：“这朵巨大的千瓣莲花就是金孔雀变成的，这个地方就叫‘勐巴拉娜西’吧。”不久，召树屯和青年们就把家迁到了这里，这就是神奇美丽的西双版纳。

西双版纳辖景洪市、勐海县、勐腊县。这里既是我国面向东南亚、南亚的重要通道和基地，也是云南省对外开放的窗口。它与老挝、缅甸山水相连，和泰国、越南近邻，土地面积近 2 万平方公里。西双版纳傣族自治州政府所在地景洪市，是黎明之城的意思，“景”为城镇，“洪”为黎明。传说佛祖释迦牟尼四处巡游传教，当抵达该地时，正是夜尽天晓，雄鸡啼鸣的时候，于是佛祖便将此地命名为“黎明之城”。位于西双版纳西部的勐海县与缅甸接壤，在傣语中，勐海是“有能耐的人居住的地方”。勐腊县位于西双版纳的东南部，除了北部与内地接壤外，南部、东部与老挝相连，西部与缅甸隔江相望。勐腊意为“茶叶之地”，古时盛产茶叶，畅销东南亚，曾作为向中央王朝的朝贡品。

这里还是亚洲大叶种茶的原生地，有着 1700 多年前的古茶树，而最为天下闻名的是普洱茶。普洱茶是西双版纳特产，唐代就远销中国各地，清代时远销东南亚及南亚，现已进入日本和西欧等国家和地区的市场，成为中外驰名的名茶。

西双版纳风光 （博林摄）

在澜沧江西双版纳段，最为著名的当属橄榄坝了。如果说西双版纳是一只绿孔雀，那么橄榄坝就是绿孔雀的尾巴，因此橄榄坝素有“孔雀羽翎”的雅称。著名作家冯牧的《澜沧江的蝴蝶会》中写的就是橄榄坝内蝴蝶集会的奇观。西双版纳的人经常说“到云南不到西双版纳，不算到过云南，到西双版纳不乘船游览澜沧江，则不算到过西双版纳，乘船游澜沧江不上岩观赏橄榄坝风光，就感受不到傣家村寨的美景。”这是因为景洪至橄榄坝一段自然风光和人文景观是西双版纳最完美的缩影。橄榄坝的地势低，气候湿热，具有浓郁的热带南国风光。在那里，一年到头青翠嫩绿，房前屋后生长着如伞的高榕，椰林深处隐藏着庭院式的傣家竹楼，一家一幢，一幢一个单元，四周围着竹篱笆，篱笆边种着仙人掌和小花果，拐角处或凤尾竹迎风摇翠，或菠萝

蜜悬挂枝头，或香蕉树果实累累。在这里，身着鲜艳筒裙的傣家妇女，肩挑竹箩，从各家各户走出来，汇集在一块，鱼贯而行在绿色果林树下，健美的身姿，轻盈的步履如同一群翩翩起舞的金孔雀，给人无限的美感。

西双版纳因其珍贵的自然资源和风景，1982 年成为我国第一批 44 处重点风景名胜区之一。1991 年，西双版纳国家自然保护区正式向外界开放，成为人们亲身游历大自然，体味浓郁亚热带风情的热门之地。西双版纳有着占地约 400 万亩的国家级自然保护区和约 70 万亩保护完好的原始森林，森林占全州总面积近 60%，是除海南省之外，我国原始热带雨林保存最为完整的地方。这些雨林植物密集，各种植物互相依存、高低错落，形成多达七八个层次的自然植物群。目前，西双版纳已开发原始森林公园、热带植物园、野象谷、傣族园、橄榄坝等多个风景名胜区。

西双版纳特产非常丰富，动植物品种繁多，是名副其实的“植物王国”、“动物王国”、“绿色王国”和“南药王国”。这里的气候四季长春，树木和花草永远处在生长的状态，不会凋零。西双版纳境内共有植物两万多种，其中食用植物一万多种、热带植物五千多种、水果 110 多种、野生水果 50 多种、速生珍贵用材树 40 多种。许多植物是珍贵药材或具有特殊用途。这里的风吹楠种子油是高寒地区坦克、汽车发动机和石油钻探增粘降凝双效添加剂的特需润滑油料，桐子油可替代柴油，被誉为“花中之王”的依兰香可制成高级香料①。

广大茂密的森林给各种野生动物提供了理想的生息场所。目前西双版纳已知脊椎动物 700 多种，约占全国脊椎类动物总数的 25%，鸟类约 430 种，占全国鸟类总数近 40%。其中被列为世界性保护动物的有亚洲象、兀鹫、印支虎、金钱豹等。作为“旗舰物种”，亚洲象是西

① 常振华．西双版纳橡胶经济发展与傣族居民的变迁［D］．青岛理工大学，2011.

双版纳的特别动物，也是傣族最喜爱的动物之一。1977 年，中国宣布亚洲象为濒危物种，并在西双版纳成立野象自然保护区。这里还有国家一级保护动物野牛、羚羊、懒猴等约 20 种，以及近 50 种二三类保护动物。在西双版纳，有时会看到美丽的孔雀、白鹇、犀鸟在林中飞翔，有时会看到大象在公路上漫步，有时会看到羚羊、野鹿、野兔在奔跑。人、自然与动物的和谐生存可以在这里得到最真实的体验。

三、月光下的凤尾竹

月光下面的凤尾竹哟
轻柔美丽像绿色的雾哟
竹楼里的好姑娘
光彩夺目像夜明珠啊
多少深情的葫芦笙
对你倾诉着心中的爱慕
哎金孔雀般的好姑娘
为什么不打开哎你的窗户……

这是一首著名的傣族乐曲《月光下的凤尾竹》。在葫芦丝的旋律中，每每听到这首乐曲总能让人感到优美、恬静、轻柔和傣家独有的风韵：在翠绿欲滴的凤尾竹林，傣家少女穿上心仪已久的筒裙，深情的凝望窗外，等待着心上人的到来。竹林中传来痴情的阿哥阵阵葫芦丝声，淡淡悠扬。美丽的姑娘轻倚在凤尾竹旁，清澈的双眸中流露出期待和欣喜。月光斜洒在她的衣裙上，把她曼妙的身影一直拖到金色的水面之上。乐声渐渐轻灵飘逸起来，姑娘起身来到水池旁，在月下忘情的轻舞着、旋转着，波光中叠映着她曼妙的身影，月光下裙摆也

轻轻飘扬。微风轻拂凤尾竹，远看像一层绿色的雾在舞动，在这静谧的夜晚，阿哥与阿妹之间的情谊愈加缠绵，彼此用音乐和舞蹈倾诉着心中的爱恋。这一幕，正是傣家村寨生活的一个美丽缩影。

美丽的傣族少女　（梁旭摄）

如果说西双版纳的神秘与美丽是造物主的莫大恩赐，那么一个个傣家村寨则是这种恩赐中最为珍贵的部分。傣家村寨因建在肥沃的河谷平坝而形象地称为“坝”。西双版纳境内有景洪坝、勐海坝、勐遮坝、勐笼坝、勐罕坝等。在德宏境内，有勐焕坝（芒市）、勐那坝（盈江）、勐卯坝（瑞丽）、勐底坝（梁河）、勐婉坝（陇川）等。

景洪坝是西双版纳傣族自治州政府所在地，它的来历也有着美丽的传说。帕雅阿拉武原来是天上的神，投胎人间后，因为个子高大，本领高强，被大伙推选为首领。一天，他带领一千多个氏族成员在森林里打猎，突然，前面跳出一只金黄色的马鹿，跑进密林里。帕雅阿拉武带领大伙到密林里寻找，发现金鹿藏在泉水边。帕雅阿拉武一箭射中金鹿的后腿，金鹿又猛然站起，跛着一只腿飞快地跑起来。帕雅阿拉武带领大伙紧紧追赶，翻过几座山，到达澜沧江边，金鹿突然不见了，展现在帕雅阿拉武眼前的是一片平坦坦的坝子，长满绿茵茵的草和高高的椰子树。他感觉到这是天神赐给他的好地方，便率领氏族成员在这里住了下来。从此，便开创了景洪坝子。[①]

傣族村寨海拔在500～1300米，年平均温度在21℃左右，终年不下雪，仅有轻霜期30余天。这里雨量充沛，年降雨量一般在1000～1700毫米，多集中在5～10月。全年无四季之分，只有明显的旱季和雨季，11月至次年4月为旱季。地势较低，灌溉便利，宜种植农作物和经济作物。土壤多红壤土、棕壤土和黄壤土。

傣族村寨有着迷人的风光，这里山川秀丽，资源丰富。森林中楠木、柚木、黄栗、松、杉、柏、桧等名贵木材随处皆有。此外，荔枝、龙眼、柑、橘、杨梅、橄榄、柠檬、西瓜、香蕉、菠萝等水果种类繁多，天冬、乳香、红花、砂仁、野三七、龙胆草等名贵药材享誉中外。这里也是物产丰富的地方，铜、铁、金、银、镍、铅、锡、水银等矿藏资源很早以来就被傣族人发现利用，德宏地区还盛产宝石、玉石、绿柱石和水晶等。[②]

傣族谚语中说道："没有一条河流，就不能建立一个国家；没有森林和群山的山脚，就不能建一个村寨。"在一个个美丽的河水边、山脚下，傣族人开垦着田地，过着悠然的世外桃源生活。在每个傣家村寨都会种大青树，大青树被傣家人视为神树，种大青树的时候要举办仪式，还会唱起《栽树歌》："这是为了人们做好事，供过路人乘凉，祈求神灵保佑。请路神、地神不要惊慌，不要误解，圣洁的树，栽在寨

---

① 岩峰，王松，刀保尧．傣族文学史．昆明：云南民族出版社，1995.
② 刘荣昆．傣族生态文化研究［D］．云南师范大学，2006.

子边，种在水井旁，种树是积德，植树祈平安。吉祥的树，在露水的哺育下快成长，在阳光的爱抚下快粗壮。”[①] 这样的歌曲体现了树木、水源、人类之间的相互哺育关系，既保护了资源和环境，也保证了人们安逸的生活。

傣族少女沐浴是传统傣族风情中最美丽动人的一幅画卷。天光水色之中河水清清，少女们和裙入水，犹如水中精灵。舒畅的笑声和着潺潺的水声，足令白鹭惊飞，孔雀屏开。水草招摇，裙布流波，长发游动，恰似群鸥戏水。远远看去，在落日的余晖下，构成了金色的剪影美图。

傣族的传统生活可以说是一个典型的农耕文明社会。在这里，农作物的生长周期决定着人们的生活节奏和生活的内容。农忙时节，人们忙着劳作，为收获一年的粮食挥洒汗水。农闲时光也并非傣家人的闲暇时光，这个时候傣家人也要做很多事情。比如，把生产和加工的农产品拿到集市上去卖；利用各种植物编制器皿和用具，展示自己精湛的手工艺；上山采集山珍，下河捕捞鱼虾；外出打工，走亲访友；建造修缮房屋，使自己生活得更加舒适。最重要的是，傣族的丰富民族艺术就诞生在这个季节。这是精神生活和娱乐的时刻，是跳舞唱歌的时刻，是恋爱的时刻，是赶集交友的时刻，是刺绣雕刻的时刻，是写诗绘画的时刻。可以说，文明就在这个季节一日日地丰富起来。

在这一片绿色的天地里，傣族村寨保持着朴素自然的风格。傣族人不奢求多么高大的建筑和纸醉金迷的生活，只是世世代代在这片净土上生活，享受最安静的人生。他们崇尚自由与散漫，追求自然舒适的生活环境。傣族村寨正如一处世外桃源，在纷繁的社会中保持着自己独特的魅力。

---

① 尹少亭，唐立等编．中国云南德宏傣文古籍编目．昆明：云南人民出版社，2002：57.

第三节　错综复杂的“百越”之说

傣族具有悠久的历史，其先民活动早见于汉代史籍，可以追溯到公元前一世纪。傣族与壮族、侗族、水族、布依族、黎族、毛南族、仡佬族等很多民族有着密切的渊源关系，都是“百越”、“骆越”民族的后裔。傣族主要与“百越”中的“滇越”有关。纵然与众多其他民族有着很多渊源，但傣族以其独特的历史文化、艺术传统和民族特征，在千百年的历史长河中，始终在民族大家庭中独树一帜。正犹如那美丽而骄傲的孔雀，屹立万花丛中，以其优美的姿态格外引人瞩目。

一、“金齿”传说

傣族历史悠久，文化灿烂，其先民有史记载以来被称为“百越”。“百越”是我国古代东南和南部地区一个分布广泛的族群，在东起今浙江、福建，南至今广西、云南，直至东南亚一带的广大领域内都有他们活动的足迹。其后裔还包括今天的水族、布依族、侗族、黎族等民族。因其历史上同俗共源、支系发展繁杂、分布地域广阔而被称之为“百越”，以示其多。

“百越”一词出现于战国晚期，最早见于《吕氏春秋·恃君》：“扬汉之南，百越之际。”《汉书·地理志》中亦有：“自交趾至会稽，七八千里，百粤杂处，各有种姓。”交趾在今越南北部，会稽在今浙江省绍兴，加上云南省整个南部边沿地区，构成一个半月形的广阔弧形地带，是最早的百越文化区①。自殷商以来，云贵高原上便有越人活动。新、旧石器时代的遗址在傣族地区或邻近傣族的地区多有发现。从 20 世纪

① 黄惠焜．从越人到泰人．昆明：云南民族出版社，1992：5～6.

60 年代开始，景洪澜沧江沿岸的台地上先后发现了曼蚌囡、曼允、曼景兰、曼厅等新石器时代遗址，清理出石斧、石锛、石刀、渔网坠等石器以及陶器、骨器和贝壳等遗物①。在德宏瑞丽江畔的芒约和陇川曼胆两个新石器时代遗址上也发现了夹沙红陶、夹沙黑陶、印纹陶片、石斧等遗物，其中肩石斧、石网坠和印纹陶是古越人文化的典型代表，与我国东南沿海地区新石器时代遗址中出土的同类器物相似，具有明显的百越文化特性。

张守节的《史记正义》曰："滇越、越巂，则通号越，细分而有巂，滇等名也。"这是公元前一世纪时关于傣族的明确记载。公元前 109 年，汉武帝设置益州郡，傣族地区属益州郡管辖。公元 69 年，东汉王朝在越人区域设置永昌郡（郡治在今保山），辖永昌徼外的广大傣族先民。史书所载的滇越是百越最西的一个族群，活动范围包括今我国云南西部德宏地区及缅甸南北掸邦的部分地区。《汉书·张骞传》又称之"乘象国"，是云南通往缅甸、印度的必经之路。傣族先民自东汉以后又被称作"掸"。掸就是滇越，云南境内的景颇族、德昂族、阿昌族、布朗族等周边民族至今仍对傣族保留有这一称呼。掸是傣族先民在 2000 年前建立的早期部落，向东汉朝廷贡赋，属于东汉的边境郡（属国）。《后汉书·西南夷传》记载说："永元九年（公元 97 年），（永昌）徼外蛮及掸国雍由调遣重译奉国珍宝，和帝赐金印紫绶，小君长皆加印绶钱帛。永宁元年（公元 120 年），掸国王雍由调复遣使者诣阙朝贺，献乐及幻人，能变化吐火，自解支，易牛马头；又善跳丸，数乃至千……明年元会，安帝作乐于庭，封雍由调为汉大都尉，赐印绶金银采曾各有差也。"

---

① 宋兆麟．云南景洪附近的新石器时代遗址．考古，1965（11）．

自唐宋以后，傣族先民被称作“金齿”、“茫蛮”、“白衣”等。

南部傣族曾以西双版纳为中心建立了景龙金殿国，又称勐泐国。据傣文《泐史》记载：“叭真于祖葛历542年（公元1180年）入主勐泐，遂登大宝，称景龙金殿国至尊佛主……建都于景兰……”景龙金殿国拥天朝（宋朝）皇帝位共主，受颁制“虎头金印”，“命为一方之主”。叭真确立了傣族社会的封建领主制，傣泐王始称召片领，以后历代传袭。

公元13世纪，元世祖忽必烈攻入云南，以昆明为中心建立了云南行中书省，并开始实行土司制度。元代在云南西部傣族地区设六路一赕，以德宏为中心设金齿宣抚司，以西双版纳为中心设车里军民总管府，成为元初云南行省五大区域中的重要部分。各地称傣族为“金齿”、“白夷”等。

1384年，明王朝在西双版纳设车里军民宣慰使，在滇西设干崖、南甸、陇川等宣抚司，猛卯、路江等安抚司和茫市长官司等，在怒江以东设耿马安抚司、孟定御夷府等，在滇南景东、元江等地设府。这一时期，有了“西双版纳”一称。

至清代，西双版纳、德宏、孟连、耿马等地仍承袭明朝设置，元江、景东、思茅、普洱等地则设流官治理。民国初年，设置“普思沿边行政总局”。1913年在德宏设置行政区，1925年在西双版纳设车里、佛海、五福、镇越、象明、普文、卢山等七县。1932年又在德宏设置潞西、瑞丽、盈江、梁河、陇川、莲山六个设治局。

各朝各代对傣族地区行政区域的设置，确定了祖国西南的疆界，加强和巩固了中原内地与边疆傣族的联系。同时，傣族也在不断演进的历史进程中，与全国其他民族一同，共同抵御了外国侵略者，反对民族分裂，为维护国家的统一、领土的完整做出了巨大贡献。

傣族自汉唐时期以来经常被冠以“金齿”、“黑齿”、“银齿”等称

呼，这里有着怎样的典故呢？据说这又与花腰傣的一个古老传说有关。古时候，花腰傣先民被敌人打败，寨子被烧毁，妇女被抢走。后来，敌人被赶走，男子们来营救妇女时，却无法分清哪些是本民族妇女。为了便于识别，从此以后，花腰傣的妇女们就染齿以区别于其他人，“金齿”之说得以传颂。

其实，“金齿”这一名称来源于傣族古老的染齿习俗。在传统习俗中，傣族妇女认为白色的牙齿“像马齿一样难看”，而在他们的诗歌中也有“牙齿黑得发亮的美丽姑娘啊”这样的诗句。傣语中染齿叫做“栾克”，傣族男女从十四五岁开始染齿，认为把牙齿染得愈黑愈美，结婚时新娘还会特别要将牙齿染黑。《马可波罗游记》中亦写道：“此地之人皆用金饰齿，别言之，每人齿上用金作套如齿形，套于齿上，上下齿皆然……”

傣家人染齿的方法是以野草“臭藤果”及岩硝为主要原料，配上未成熟的酸石榴等物，捣碎置于两指宽的香蕉叶片上，每晚睡前包敷于齿面。数日之后，齿面渐成黑色。染齿的另一种手段是嚼槟榔。嚼槟榔是一种生活在湿热地区的少数民族的嗜好，具有染齿的作用，但其目的并不单纯是为了染齿，染齿是在嚼槟榔的过程中不知不觉完成的。不过有时候为了达到更好的染齿效果，会在槟榔中加拌一些其他原料。元江、新平地区的傣族青年男女传情定亲就靠“嗯玛来”，即馈赠槟榔。小卜少（小姑娘）送给小卜冒（小伙子）的槟榔装在荷包里，小卜冒送给小卜少的槟榔装在精致的小盒里。而在婚嫁喜庆时，更不可无槟榔待客。

据说染齿有防腐防酸的护齿作用，因而也成为染齿习俗保存至今的一个重要原因。染齿习俗在傣族中老年妇女和部分少女中仍时兴。然而，与大多数古老的民族习俗一样，现代傣人也慢慢遗弃这一习俗，使之逐渐成为历史。

除了“金齿”之外，“白衣”的古称谓也比较常见。这主要是因为傣族衣饰崇尚白色。唐以来史籍称傣族为“黑齿”、“金齿”、“银齿”或“绣脚”，又称傣族为“茫蛮”或“白衣”，宋沿称傣族为“金齿”、“白衣”。自元至明，“金齿”继续沿用，并进而扩大作地名，“白衣”则写作“百夷”或“佰夷”。至李元阳修《万历云南通志》将“百夷”误改作“僰夷”，自此“僰夷”与特称白族先民的“僰人”便有混淆。清以来则多称作“摆夷”。但以上都是他称，至于傣族自称，则一直作“傣”。中华人民共和国成立以后，废除了民族压迫制度，按照我国傣族人民的意愿，正式定名为“傣族”。

二、独树一帜的傣族

在奔腾不息的澜沧江流域，并不是只有傣族一个民族。《元史·世祖本纪》载：“至元十五年（1278 年）夏四月丁丑，云南行招降临安路白衣、和尼分地城寨一百九所。”可见，当时的红河两岸就已经有了傣族与其他民族交错而居的状况。

当今，澜沧江流域的很多民族与傣族共同生活在同一区域，相互之间形成了融洽的民族共融关系。在漫长的发展和演变过程中，这些习性温和、精神自然的百越后裔各支，经过多方的文化杂糅，吸收和整合了多种文化，包括中原文化、南亚与东南亚文化、佛教文化、其他少数民族文化、印巴文化等，形成了自己独特的文化特征。而其中，傣族以其古老的历史、深厚的文化积淀和风俗在众多民族当中独树一帜。

傣族人在自己的傣文文献中，按照自己的傣历，概括了本民族在新中国成立之前社会发展的一般进程，将傣族历史分为三个时期：第一时期称为“滇腊撒哈”，又称“橄榄时期”。根据傣历对照的公历推算，大约在公元前 540 年左右，这个时期是傣族社会无官、无佛寺、

无剥削的时代；第二时期叫“莫腊撒哈”，又称“食米时期”，大约从公元前540年至公元700年，这个时期已有官、有佛寺，但没有剥削；第三时期叫“米腊撒哈”，大约从700年至1950年，这个时期傣族社会是有官、有佛寺、有剥削的时代。

傣族在水稻生产中形成了高度发达的稻作文明，成为傣族文化的核心。傣族是最早栽培稻谷和使用犁耕的民族，傣族先人临终前留下遗训：子孙们要做到“毫丁岱，来丁吞”（粮满仓、蓄满楼）和“亥丁曼，纳丁猛”（地满寨子，田满坝子）。还告诫说要保留更多的田地，时刻牢记自己是种田人。外地人问他们是什么人时，他们要回答说自己是“毫丁岱”的人，或“滚岱”（谷仓人）。外地人就称他们为种田人、水稻人、滚岱人、岱人等。后来，傣族人甚至把“毫丁岱”当成问候语，在傣家村寨随处可闻。

傣族人有强烈的民族自尊心、归属感和自豪感。傣族人很重视自身修养，把“不偷、不骗、不抢、不打、不骂、不闹、和睦相处、尊老爱幼、热情好客、为人方便、互帮互爱、廉洁清白、诚实善良”等作为做人的道德标准。把热爱劳动、热爱自然、保护生态作为重要的生命品质。通过礼仪章程、法律法规和各种文化艺术的形式来教育和启发人们自觉维护和遵守。①

傣族与邻近的民族长期以来有着友好的关系。元明时期即“交易五日一集，以毡、布、茶、盐相互贸易。”此外，各民族之间的文化、语言、文字也相互影响。在反对统治者和外来敌人的斗争中，各民族骨肉相连、生死与共。傣族与布朗族的感情很亲密；傣族与哈尼族的关系历史悠久，哈尼族的一些村寨名字与傣族村寨名字相同，就是两族人民常年友好相处的佐证；而傣族与汉族交往的历史则更为长久，

---

① 戴翥，陈普，张雪冰等．傣族文化滋养下的傣医医德［J］．中国民族医药杂志，2010，16（10）：1～5.

可以追溯到两千多年前，主要体现在各种商贸往来之中。

绚烂多彩的民族之花，成就了云南的独特魅力；民族团结融合，为云南营造了良好的发展环境。今天，云岭大地上生息繁衍的傣族和其他各族人民，在多年的水乳交融的共同生活中成了亲密无间的兄弟姐妹。多民族在同一片蓝天下生活，在同一片蓝天下创造，为同一梦想而努力奋斗。

第二章

古风犹存

傣族是一个具有悠久历史的古老民族。古老而神秘的招魂、充满仪式感的祭祀、虔诚的佛教信仰至今古风犹存。这些遗风就像一把钥匙，带领我们一点一点地走进傣族的生活，揭开他们千百年来心灵深处对自然、对事物、对社会、对发展的看法与作为。

第一节　宗教信仰

在悠长的傣族历史中，信仰一直伴随着他们。多数傣族信仰南传上座部佛教，同时还有部分信仰其他宗教以及原始宗教。虔诚的信仰不仅影响了傣族人民的日常生活，同时也创造了他们独具特色的文化和艺术。

一、神秘的招魂

人类社会早期，由于人们在与自然的关系中处于弱势地位，受到认识水平的限制，对很多事物无法给出合理的解释，只能通过幻想和想象，将一切事物赋予神秘的属性，从而产生了原始崇拜的自然宗教。这种原始信仰包括自然崇拜、灵魂崇拜、祖灵崇拜、图腾崇拜、巫术崇拜等。依靠农业为生的傣族先民也是这样，虽然后来佛教传入成为主导的宗教，但原始宗教的信仰仍然保留了下来。其中，万物有灵的原始崇拜是傣民最为古老的信仰。

傣族先民早期认为，世间万物，包括人和动物、植物都是有灵魂的，而且灵魂是不死的，它可以离开物体而存在。傣族认为人的灵魂是最多的，共有 32 个大鬼，92 个小鬼，分布在人体各个不同部位。他们各司其职，互不相干，只要其中某一个灵魂受到伤害，这个部位就会生病，如果灵魂离开人体，人就会死亡。人们出于对各种疾病和灾害的恐惧，也出于对制服病痛、战胜灾害的强烈愿望，力图通过招魂把受到伤害或游离了的灵魂招回来，不仅可以为人招魂，也可以为家畜家禽和谷物等招魂。相传，共有 81 种招魂方法。

招魂都需要举行招魂仪式。招魂仪式因地区而异，通常都要有“招魂词”。有的地区要请村寨中专门负责祭祀的人来招魂；有的地区则由年迈的家长来进行。招不同的魂，其招魂词也不相同。傣族替人招魂的主要方式有“唤欢龙”（招大魂）、“唤欢囡”（招小魂）、“菲欢”（换魂）和“唤欢南朗”（招黑姑娘魂）四种。招“儿女魂”的招魂词就会这样说：“今天是吉祥的日子，我来把魂叫。魂啊魂，爹妈爱的魂，别去躲在山洞独自悲哀，别去躲在河边眼泪汪汪，别钻进树林草棵，别去钻在牛马身上。头魂要回到头里住，牙魂要回到牙里居，耳魂眼魂要回到头上来，皮魂要回到人身上，脚魂不要到处奔走。32 魂要今天回来，92 魂要今天回来！所有的魂啊魂，今天要集中，父母亲要给你们拴线。撒！魂回来了！”

除了替人招魂之外，傣族还会替家畜家禽、庄稼、风雨等招魂，主要有“唤欢为怀”（招牛魂）、“唤欢盖”（招鸡魂）和“唤欢毫”（招稻谷魂）三种。稻谷是傣族先民生存的根本生计，因此招稻谷魂有着重要意义。祭谷魂神的招魂词为：“双手举竹盘，低头顶供品，要献给

人类的依存者，献给伟大的谷神，谷神创造了幸福的种子，恩情胜过了顶天柱。赕供品是我们的本分，积功德是我们的心愿，请诸神来接供品，保佑健康平安，避免人间灾难，逃离世上痛苦。”

对于谷魂，流转着关于谷魂奶奶的传说。相传，一日佛祖在宫殿中诵读经文，天上的神仙、地下的神祇、水中的龙王、人间的达官贵人都走进大殿，合掌向佛祖下跪。但唯独一个穿筒裙的老年傣族妇女却昂首站立，不合掌也不下跪。大家都十分诧异于这位老妇人的举动，佛祖也愤怒了，叱问她为何不行礼。老妇人脸上露出轻蔑的微笑，说道：“我叫雅欢毫，地上的人和一切动物都离不开我。我比一切天神、地祇都伟大，我是不能弯腰下跪的，我要是弯下腰来，人类就要挨饿了。”佛祖问：“那你从哪里来？”老妇人继续说道：“我并非从远方而来，我就住在这里，从天上到地下，只有我不求任何神仙，却有着巨大的贡献，所以我不崇拜任何其他神仙。”佛祖听了她的话很生气，怒吼道：“我才是最伟大的，你这么傲慢无礼，就离开这里！”便将老妇人赶到了十分遥远而又黑暗的地下。很快，地面上的庄稼枯萎了，一年到头颗粒无收，人和动物缺少粮食，大批大批地死亡。人们也没有供奉神祇的食品，神祇也挨饿了。众多神仙找到佛祖，请求拯救万物，但佛祖也没有办法。这时，一位神仙提议将雅欢毫请回来，佛祖最终不得不同意，并对谷魂奶奶说：“事实证明你是对的，你是最伟大的，谁也不能和你比，人类、动物和神仙无法忍受饥饿，请你回到充满阳光的地方吧！”谷魂奶奶回来后，庄稼又长出来了。而此后，在佛祖面前，谁都要下跪，唯独谷魂奶奶可以昂首直腰站着。

二、融入生活的佛教

佛教经两条路线传到亚洲，一条称为南传，经由斯里兰卡，又由斯里兰卡转入缅甸、泰国、柬埔寨、老挝等国。另一条称为北传，经帕米尔高原传入中国，再由中国传入朝鲜、日本、越南等国。傣族多数信仰前者，即南传佛教，也称上座部佛教。南传上座部佛教在汉文佛教经典中被译为声闻乘，“乘”的本意为“运载”，大乘佛教提出“普度众生”的口号，而小乘佛教主要提倡因果报应论，认为人生有生死轮回的三世说，即过去前生、现在今生、未来来生。这三世轮回都在天堂、地狱、人、阿修罗、畜牲、饿鬼之间轮回。如果今生不修行积善，死后就要入“磨姆纳火”——地狱，遭受油锅煎熬，来世也只能转生为饿鬼、畜牲。因而，在凡世中主张自我解脱和自我拯救，通过布施来行善、修行而达到涅槃，即达到一种超脱悲欢苦乐和超脱生死的境界。

傣语称佛教为“洒散纳”，称佛祖释迦牟尼为“贡达玛”。据说，傣族地区的南传上座部佛教是由一位叫阿朱打拉西的人在6～8世纪传入的，至今已有一千多年的历史。据《泐史》记载，西双版纳第一世召片领叭真称自己为至尊佛祖，认为自己是佛的化身，主宰一切。在傣族上层社会，各级头人都以“叭”相称，意为“佛祖命令的执行者”。可见，佛教当时在傣族上层社会已有足够的影响。这其实还与南传上座部佛教的“一是佛法不可违，二是王法不可违”的信条有关，因而得到上层统治者的欢迎、扶持和推广。

佛教对傣族人民和社会生活的政治、经济、文化艺术等方面都有极深刻的影响。佛教的传播促进了傣族文字、天文历法、建筑等各方面的文明。傣族的很多长篇叙事诗都是在佛教传入后出现的。还有一些傣族僧侣根据佛教教义加以发挥和补充的著作，保存了有关傣族地区的地理、历史、语言、文学等材料，是傣族珍贵的文化遗产。傣族的佛寺建筑精致、堂皇，寺庙中的雕塑和壁画既有南亚艺术风格，又显现出中原文化的影响，是傣族造型艺术的精品。

佛教融入了傣族人的日常生活，对不同年龄段的傣人都产生了很

大的影响。其中最为特别的一个传统宗教习俗，就是傣族男子在一生中要过一段脱离家庭生活，出家为僧的生活，通常是在他们的少年时期。这是因为傣族人认为只有入寺做过和尚的人，才能除苦积善，才算有教化。谁不出家为僧，谁就是“岩里”——生人。生人即没有受过教化的人，是被人瞧不起的。因此，只有当过和尚的男子，才能成为受尊重的人，成为傣族男子一生中最大的光荣，还能得到姑娘的青睐。这种现象在南传上座部佛教流传的东南亚地区也比较普遍。

西双版纳的小和尚　（博林摄）

在家中男孩到七八岁时，家人便将他送入佛寺当僧侣。送入佛寺的当天，男孩穿戴一新，由亲人护送，在吹吹打打的锣鼓声和乡亲们的欢笑声中进入佛寺。入寺后由佛爷举行入寺仪式，剃去头发，身披黄袈裟。在佛寺生活，一切都要自食其力，不能依赖父母。他们同僧侣一样诵读经书，同时学习傣文、佛法、天文、地理等知识。若小和尚们出寺上街，必须三五成群，不能与其他孩子同行，更不能与女孩子言谈打闹，言行举止非常平和。一般在1～5年后男孩们可以还俗回家。因为九年义务教育，现在很多傣族男孩白天上学校学习，晚上在佛寺学习傣族文化。也有的人读完中学，或大学毕业之后，利用假期入寺学习。还俗后的男子，可谈情说爱，娶妻生子，正常生活，并且备受社会的爱戴和尊重。

傣族僧侣 （博林摄）

傣族僧侣一般可分为三级，初级僧侣为“帕”，男孩进入佛寺即为预备“帕”。预备“帕”学会规定的几套经文之后可削发为僧，始称为“帕”。当“帕”到了20岁，佛学水平得到提高，本人又不愿意还俗，经过主持长老同意，可晋升为中级僧侣——“都”。“都”在年满30岁且佛学造诣较深后，经总佛寺、召片领、勐土司同意，可以晋升为高级僧侣——“祜巴”。“祜巴”以上则必须由宣慰使委任。

除了傣族男孩，傣族婴儿都会请僧侣给起名字，而60岁以上的大部分傣人都会参加受戒修行，到佛寺安居，诵经赕佛，不再杀生，直

到过世。傣族妇女虽然不入寺为僧，但也都是虔诚的佛教信徒。

南传上座部佛教有着名目繁多的宗教活动，傣族通常把佛事活动统称为“赕”。“赕”源于巴利语，意为敬佛或布施，指虔诚的信徒每年以不同方式向佛祖、佛寺捐赠钱物等贡品，以求“赎罪”和替来世“储蓄”的一种祭祀活动。一年12个月，多个月份都有“赕”。主要的“赕”有赕毫瓦萨、赕奥瓦萨、赕萨拉、赕坦、赕帕、赕打永、赕毫伦坝与几光罗、赕鲁皎、松山卡等。其中最为重要的是前两个，即赕毫瓦萨和赕奥瓦萨。毫瓦萨（俗称为关门节）的时间在傣历九月十五日（阴历七月中旬），奥瓦萨（俗称为开门节）的时间在十二月十五日。这两天都是佛教的重要节日，要举行盛大的佛事活动。

赕佛的傣族 （博林摄）

关门节的时候，佛门弟子抬着纸花、拜佛饰物、食物和礼品，到佛寺内云集、诵经、拜佛。仪式完毕后，佛门弟子开始净心拜佛。老年信徒每周到寺内拜一次佛，诵一次经，滴一次水，自觉斋戒拜佛。关门节到开门节之间的三个月安居斋戒时期，各寨的傣族人都来到佛寺向佛祖敬献佳肴、鲜花和银钱。期间，傣族人是不能结婚和离开寨子的。开门节的时候，佛教弟子像关门节时一样，举行一次拜佛活动，夜间燃放火花、贡菲（飞灯）以示庆祝。传说中佛祖在关门节时回到天上净居赕斋，在开门节重返人间，所以开门节的佛事活动是为了迎接佛祖的归来。这次拜佛活动举行过后，斋戒解除，傣族地区也进入农闲时期，人们又忙着办喜事、盖新房。这一关门、开门的佛教节日，与农忙、农闲的时间刚好吻合，直接地体现了佛教融入傣族日常生活，二者相互影响与渗透。

三、古老的贝叶经

贝叶经是用铁笔在贝多罗（梵文 Pattra）树叶上所刻写的佛教经文，发源于印度。在造纸技术还没有传到印度之前，古印度人采集贝多罗树的叶子书写佛教经文，描绘佛像，贝叶经的名字由此而来。据说，当年玄奘从西天取经取回来的就是贝叶经的佛文典籍，共 657 卷，至今珍藏在西安大雁塔中。

在印度，早期的贝叶经几乎已失传，中国同样也已相当稀少。目前，流传在我国的贝叶经仅在西安大雁塔、峨眉山、普陀山、中国国家博物馆等处存有少量版本，贝叶经已被定为国家一级文物，并被冠以“佛教熊猫”之称。

贝多罗树，形状很像棕榈树，傣语称为“戈兰”。傣族之中流传着“‘五树六花’象征傣族”之说，而戈兰就是“五树”之一。自古以来，傣族人民就与戈兰结下了不同寻常的特殊感情，认为它象征着吉祥和智慧，而戈兰叶是“运载傣族历史文化走向光明的一片神舟”。贝叶被赋予如此美誉是因为古往今来，傣族所有的历史和文化全靠一片片贝叶记录下来世代相传。贝叶经成为傣族历史文化的载体，从而构成了以贝叶经为主体的“贝叶文化”。

贝叶经是“贝叶文化”中最古老，最核心的部分，可以说是傣族文化的根。傣文贝叶文献包括两类：一类是佛教经典，称作“坦”，即本来意义上的“贝叶经”；另一类是记录佛经以外内容的一般傣文书籍，称作“簿”。傣族地区的佛寺收存贝叶文献早已成为传统，其来源一是由佛爷自己刻写，二是接受世俗众生“赕坦”献经或“赕簿”献书。除了佛寺集中收存贝叶经之外，傣族世俗民间也流藏有各类贝叶文献，所以贝叶文化从佛寺到民间，成为傣族文化的代表和象征。

贝叶经记载的内容十分丰富，涉及宗教教义、历史、哲学、经济、政治、天文、历法、军事、体育、生产知识、自然科学、医药卫生、伦理道德、法律法规、心理学、文学艺术作品、制品工艺和建筑技术等方面，集傣族传统文化之大成。由于数量众多，内容、涵义博大精深，因而被誉为“别闷戏版康”（八万四千部），并在傣族史册上流芳千古。可以说，贝叶文化的兴起和繁荣，对傣族文化的发展起到了决定性的促进作用。丰富的贝叶典籍也成为傣族的百科全书，形成中华文化极具特色的地方民族文化。

贝叶文化的概念其实不仅包括贝叶经，还包括用棉纸书写传抄经的经书、唱本和广泛活于民间的傣族传统文化。它由全民族范围内的家庭、社会和寺庙各个阶层所传承。

贝叶文化源远流长，历史悠久。秦汉以后，长江流域以南的百越族群自东而西次第汉化，唯独西南百越族群保留了原有的文化。以傣族、壮族为主体的百越后裔，传承了当年的百越文化，形成了贝叶文化。如今提到贝叶文化，已是人们对傣族传统文化的一种象征性称谓，是傣族社会历史和文化的统称。它可以更准确、更形象地概括傣族的特点，体现出他们特有的性格和气质。

贝叶耐磨轻便，千百年后字迹仍可清晰辨认，这与它的制作工艺有密切的关系。贝叶经的制作需要经过取贝叶、制匣、刻写三个步骤。

首先，将砍下的贝叶片割整齐，3～5 片卷成一卷捆好，放入锅内煮，煮时要加酸角或柠檬，使贝叶表面上的皮脱落。煮至贝叶变成淡绿、白色后从锅中取出，用细沙擦洗干净，然后晒干，放入特制的木架里压平，再订成匣。木匣长约一尺半，宽约四寸，距木匣两端约半尺处各钻一个小孔，把一片片晒干压平经过透风处理的贝叶紧紧夹在两片木匣中间，两头用绳子绑紧，然后用专门的钉子沿木匣两边的小孔将贝叶钻通，再穿上搓好的线绳，按 500～600 片贝叶订为一匣。订好后把贝叶匣修光滑，用线弓弹出淡淡的墨线，其后用铁簪子在弹好的墨线上刻写经文，并用植物果油掺锅底的黑烟，涂于刻好字的贝叶上，再用湿布擦拭一道，贝叶上的字迹就清晰显现。刻写好的经书装订成册后，在四周边沿涂上一层彩漆，抹上金粉。因用铁簪将文字刻写在贝叶上，并涂以金粉和红、黑漆颜料加以保护和装饰，不但字迹清晰，而且擦不掉、抹不去。水煮等工艺特殊处理，也起到防虫、防水、防变形的作用。①

第二节　民族风俗

历经千百年的风雨洗礼，傣族一直以顽强的意志与灾害、压迫进行着斗争，心中充满对美好生活和未来的期盼。他们祈求神灵赐予平安和吉祥，随之各种愉悦神灵的祭祀与礼俗应运而生。而长期延续的封建领主制等制度，使得傣族社会洗尽铅华却依然故我，古老的习俗在传承中保留了下来，成为展现民族风俗的“活化石”。

一、“色曼”的庇佑

色勐是历史上一个傣族部落或一个地方首领的亡灵。傣族人认为，

---

① 苏娜．藏传佛教文物［D］．中央民族大学，2009.

这些首领的亡灵会一直暗中起着保护本部落人畜安宁的作用。例如景洪市所供奉的勐神之一“披勐召法龙”，据说是最早追着金鹿来到西双版纳，开辟这块土地的傣族首领叭阿拉武。还有披勐一说，往往是指被本部落打败或在争斗中阵亡的原部落首领，据说会暗中危害获胜部落的人畜安全。为祈求善者护佑，讨好恶者，傣族村寨一般每年举行一次称为“灵披勐”的祭祀活动，也有的是三四年举行一次。祭祀活动由“波勐”（意为一勐之父）组织和主持，并以牛、猪等大牲畜作为贡品。祭祀之日，一般会在村寨的主要路口悬挂树枝，表示封闭路口，不许村寨之外的人擅自进入。祭祀时，将洗刷干净的牛拴好，由波勐诵念祭词，祈求色勐、披勐在享用牺牲品后，保佑本勐无灾无难，人畜安宁，生产发展。念完祭词和祈祷词以后，便开始剽牛、宰牛，烹饪牛肉，共同进餐。

每个傣族村寨都供奉自己的氏族神或村寨的社神，傣语称“色曼”。氏族神供奉在寨龙林内，村社神则供奉在“宰曼”（寨心）所在地。寨心是一种将村寨拟人化的想法，认为村寨的灵魂就在村寨的中央位置。寨心通常是村寨中央的一棵大树，或是上端经过雕刻的树桩，或是用几块叠在一起的石块作为标志。祭祀氏族神，由氏族后裔以家庭为单位将鸡宰好，带到寨龙林旁供祭。祭祀之日，召曼（寨主）代表全氏族的人祈祷，“八月求雨，一月求晴”，同时祈求祖宗保佑氏族成员与全寨住户的平安。村寨保护神的祭祀活动相对比较频繁，由召曼主持，全村住户共同参加祭祀。祭品有黑毛猪、酒、饭、糖果、糕点等。有的地方用猪血、猪肠、猪肝等猪内脏剁碎以后混合炒熟，加上一个猪头来祭祀。元江、新平等地的傣族普遍崇拜龙树、龙神。按照旧的习俗，村民进寨出寨都要祭祀寨神。元江江边傣族每年农历三月祭龙树时，全村要杀红牛，杀前在红牛身上用白灰画成花纹，还要在牛身上披红绿布。

披哈滚是傣语的家族神，是有共同血缘关系家庭成员的祖先。多数家庭都在内室设一木台或小茅草棚供奉家族神。逢年过节和盖新房、举行婚礼时，需在家神神位前摆上食物，进行祈祷。每逢家中有特殊而重要的事情，比如家人生病或出远门，要在家神神位前摆上食物，祈求家神保佑家族成员的安宁。通过家族神的祭祀，维系了同一家族的各个后裔之间的联系。祭家神时，会这样唱迎神词："家神啊家神，今天是吉利的日子，饭菜已经摆好，请你们各位就座。不管在什么地方，都要请你们光临，桌上备有茶水，有肉团子和酸辣汤，有炒肉片和炒猪肝，有酸巴菜和生凉菜，这些都是可口的菜，是我们的一片心意……请来就座吧，请来用餐吧，不管各位吃多吃少，我们祭献的人都喜欢……"

傣家人对大象有着特殊的感情，长期以来形成了象崇拜的习俗。古时候，傣族人对大象有着图腾式崇拜，这从《象的女儿》的故事中可见一斑。故事里说傣族源于神象的后裔。古时候，一位妇女因饮了神象的尿，生出了一个象姑娘。象姑娘与猎人结合，繁衍子孙后代，才出现了傣族的先民。"乘象"和"役象"是古越人的一大特征。《论衡》曾记载越人役象说："书言舜葬于苍梧，象为之耕；禹葬会稽，鸟为之田"。唐代的《蛮书》记载："茫蛮部落……象大如水牛，土俗养象以耕田，仍烧其粪"，说明唐代的傣族社会已经进入了犁耕农业时期。古代傣族养象力役或乘象出行、出战的习俗在600年前的史料中也有记载。明朝三征麓川（今德宏大部地区）时便遭遇了叛军的"象战"。据明太祖洪武《实录》记：二十一年（1388年）三月，"时思伦发悉举其众号三十万，象百余只……以万人驱象三十余只逆战，其酋长跨巨象直前……其酋长、把事、昭纲之属皆乘象，象皆披甲，背负战楼若栏木盾，悬竹筒于两旁，置短槊其中，以备击刺。阵既交，群象冲突而前，我军击之，矢石俱发，声震山谷，象皆股栗而奔，思伦

发……大败。”云南省博物馆藏有一幅清代反映傣族生活风俗习惯的绘画作品——《乘象图》，说明傣族乘象的习俗至清代仍有保存。当今以象为名的村寨、山水、城镇则数不胜数，例如德宏的姐闷掌（万象城）、西双版纳的景雅（象牙城）、勐海的象山镇，以及很多养象村、象牙田、象鼻山、象眼井，等等。

在傣族村寨生活，特别是在一些边远地区，仍然还有一些禁忌。例如，到傣寨的任何佛寺，不论大寺小庙，进门前一定要脱鞋，进入佛寺后不能摸佛像等佛家圣物。见到小和尚，不能摸他们的头。这是因为当地人认为小和尚被外人尤其是女人摸头之后，他的功德就报废了。忌讳外人骑马、赶牛、挑担和乱着头发进寨子。

到傣家的竹楼，要把鞋脱在门外，不能坐门槛，不能将两个凳子摞起来坐，在屋内走路要轻。不能坐火塘上方及跨过火塘，不能用脚踏火，更不能移动支锅的三角架。晒衣服时，上衣要晒在高处，裤子和裙子要晒在低处。不能用破裤子布去补上衣，上衣不能改做裤子。傣家竹楼室内一般有三根或四根柱子，中间靠近火塘的那根柱子是傣家的“顶天柱”，是不能靠的；靠里的一根是“升天柱”，用于家人死去后靠着沐浴、更衣，不能靠或挂东西；靠外的一根则是“吉祥柱”，可以靠。在傣族家里，不能随意吹口哨，也不能剪指甲，不准用衣服当枕头或坐枕头。

傣家人都习惯住在竹楼的楼上，而楼上卧室只有一块隔板与客厅相分，卧室中没有隔板分成小间，几代人都住在里面，用蚊帐分开，中间有一定间隔，分门进出。卧室是不容外人窥看的，过去的习俗规定，若主人发现外人窥看主人的卧室，男客人就要做主人的上门女婿，或到主人家做三年苦工，即使是女客人也要到主人家服役三年。

二、风雨的洗礼

远古时期，还处于采集经济的时候，傣族人民在山洞里穴居，过着原始生活。至今传诵的《关门歌》就反映了当时的情景："山洞在野外，山洞在森林，野外有大蛇，林中有虎豹。孩子们，快进去，老人们，快进去，我要关门了，我要堵洞了。搬来干树枝，拉来绿树叶，抬来大石头，堆在东门口，挡风又防冷，野兽进不来，我们才安全。关门了，关门了，啾！啾！啾！"

经过漫长的历史演变，早期的傣族社会经历了氏族公社、家庭公社和农村公社的形式。以农业耕种为主要营生的傣族社会，先后有家族田和寨公田两种田地耕作形式。家族田是家族成员共有的田地，外来人员无份。随着村社内部公共事业的发展，集体使用水渠、水沟等设施的需求越来越多，出现了寨公田的形式。寨公田由村寨成员集体所有，它比家族田更为普遍和实用。在寨公田的模式中，每一个村寨成员都无法脱离集体，因此都积极承担寨内各项公共事务，从而获得村社成员身份并占有土地份额。村社之间有着严格的界限，组织严密的村社实行自给自足，形成了一个封闭的集体。村社之中有着各行各业的从业者，形成各有分工的管理体系，人们的日常生活由过去的家族长演变而来的"波曼"（寨父）和"咪曼"（寨母）所管理。

在封建社会，傣族地区长期实行封建领主制。这一时期，农村公社并未彻底解体，以村社为基础的原始文化根深蒂固地影响了傣族社会的方方面面。12 世纪，有了第一代"召片领"（意为"土地之王"），后来又被封建王朝封为"宣慰使"。从此，西双版纳地区傣族一直保留着比较完整的封建领主制经济形态。西双版纳传统的封建领主制大致分为五个级别，即召片领、勐、陇、火西和村社（曼）。其后经过 41 代"召片领"，直至新中国成立才结束。在整个西双版纳，一切土地包括耕地、牧场、森林、水源等都属于最高封建领主召片领一人所有，民谚中就说道："喃召领召"，意思就是水和土都是官家的。耕种田地的农民"种田出负担"，不经营土地的人也要"买水吃，买路走，买地

住家”，这种土地所有制构成了西双版纳傣族政权制度的社会基础。农民耕种的土地称为“份地”，约占总耕地面积的86%，其他14%为各领主直接占有和经营。封建领主制下的村寨往往保存比较完整的农村公社形式，一个寨子就是一个村社，由村社首领管理。村社最高权力机构为“村社民众会”，凡遇村寨重大事情都要召开村社民众会议决，闭会期间权力机关为“村社议事会”。这种领主庄园与农村公社同体的制度，伴随着西双版纳封建领主制社会的始终。

傣族地区的成文法律制度在11～12世纪形成，傣族的《阿雅兴安龙》，意为“大法”，记载了宗教思绪、道德规范、禁忌以及判断是非的标准、量刑的尺度，等等。在西双版纳地区流传的历史过程中，历代王朝对它进行了多次修改。傣族村寨内部也制定了适用于自身的法律法规。“十二条寨规”、“二十四条勐礼”等规定了寨内的行为准则和生死的礼仪。此外，还有十五条教礼、佛寺内六条纪律、经商的三条规定、召勐的五条法规等法规制度。傣族地区还有各种解决民事纠纷的罚款条例，对杀人、诬陷、犯上、偷盗和破坏生产、牛马进菜园、无事生非等各种行为都做了具体的处罚规定。

在很长的一段时间内，由于傣族地区各地的历史条件和受外部影响程度不同，发展一直不平衡，在土地形态、阶级构成、政治制度方面均各有特点，每个地区由封建领主经济到地主经济进行着递变。清代，清政府为进一步加强统治，实行了“改土归流”政策，即革掉土司，代以流官。清政府按照“江内宜流不宜土，江外宜土不宜流”的原则，将“江内六版纳”划归普洱府管辖，将江外六版纳仍归车里土司管理。土司和流官之间有着激烈的斗争，代表了两种政治经济集团利益的矛盾。最终“改土归流”政策不得不以妥协而告终，但这一政策仍然推动了傣族地区较快地进入了地主经济阶段。由于地理位置原因，德宏地区与内地的联系更为密切。明清时期，有大批汉民进入德宏地区，带来了很多先进的生产工具和技术，促进了德宏等地区率先由领主制向地主制过渡。

新中国成立后，在傣族地区开展了政权建设、剿匪、民族识别等大量工作。1951 年傣族地区完成土地改革，傣族人民实现了民族区域自治，实现了当家做主的权利。1953 年成立西双版纳傣族自治区，1955 年改为自治州；1953 年建立德宏傣族景颇族自治区，1956 年改为自治州。从此，世居云南的“摆夷”改称傣族。从 1954 年至 1985 年先后建立了孟连傣族拉祜族佤族自治县、耿马傣族佤族自治县、元江哈尼族彝族傣族自治县、新平彝族傣族自治县、景谷傣族彝族自治县和双江拉祜族佤族布朗族傣族自治县，分别采取多种方式进行了土地改革和所有制的社会主义改造，经济、社会、文化有了较大发展。

第三节　民间故事与传说

傣族民间流传着许许多多故事和传说，以及寓言、童话、笑话、谚语、谜语等口头文学。这些传说故事生动活泼地描述了傣家人生活的方方面面，成为傣族人民口口相传的宝贵文化财产。在一个个动人的故事中，不仅描绘了很多创世纪的传说、英雄的传说、风俗习惯的来源，还有很多启迪心灵、点亮人生的经典故事，回答着“我们是谁，从哪里来，到哪里去”的问题。

一、开天辟地

傣族对于天地的起源有着自己的认识。傣族传说中是英叭神创建了世界。在天地尚未形成之时，宇宙一片混乱。狂风刮了几亿年，把各种烟雾、气体、泡沫搅拌在一起，凝结成了一个大圆体，这个大圆体逐渐演变成了创世神王——英叭神。他法力无边，神勇无比，智慧

聪颖。他在茫茫宇宙之间来回飞腾，不禁感到寂寞，所以逐渐有了开天辟地的想法。他用身上的污垢捏成一个大圆球，才有了现在的地球。他用了很多办法才使地球稳定在了宇宙之中。英叭神还分出了天地，辨认了东西南北四个方向，创造了世界上高大的山峰。

《布桑改和雅桑改的故事》是关于人类起源的传说。相传，天地刚刚形成的时候，地球上只有光秃秃的土地和茫茫的海水，没有人类、动物和植物。天上的神王派出布桑改、雅桑改夫妇二神带着宝葫芦来到地球上。他俩把宝葫芦打开，把葫芦籽撒向天空和大地，天上就出现了日月星辰，地上就有了森林和其他各种植物。布桑改、雅桑改还仿照自己的形象用泥巴捏成人，布桑改捏的是男人，雅桑改捏的是女人，并让他们成为夫妻，赋予他们生命、灵魂与活力，让他们繁衍后代。经过很长时间以后，泥人变成了活人，然而他们不会说话，夫妇二神就教他们说话和思维，并给他们取名为“人”。从那时起，地球上就有了人，他们在布桑改、雅桑改的指点下，逐渐学会了劳动、生活和休养生息。接着，夫妇二神又用泥巴捏造了象、马、牛、羊、猪、狗、鸡、鸭、虎、豹、鹿、鸟等数万种飞禽走兽，分别给它们取了名字，教它们不同的叫声，把它们放进了海洋和森林。从此，海洋里就有了鱼、虾、蟹、贝等水生动物，陆地上就有了各种脊椎动物、爬行动物和昆虫。死气沉沉的世界终于变成了生机盎然、朝气蓬勃的世界。

关于日食、月食和地震等特殊自然现象，傣族传说中也有着相应的故事。关于日食、月食的传说是在很久很久以前，太阳和月亮是一对漂亮的姐妹，她们有一个男佣人，名叫帕拉乎。由于姐妹俩如花似玉的容貌，很多男人都追求她们，帕拉乎也向她们献殷勤，甚至向她们求婚。姐妹俩并不喜欢他，对于他的无理要求非常气愤，便将他赶走了。后来，姐妹俩修炼成仙，飞到天上变成日与月，轮番照耀着大地。帕拉乎看到美人飞走了，也潜心修炼，变成一只巨大的青蛙飞到天上。他在天上追逐着两姐妹，碰到太阳，就伸出巨大的黑手去抓，遮住了太阳的金光，就发生了日食；碰到月亮，又伸出黑手去抓，挡住了月亮的银光，就发生了月食。地上的人们不喜欢姐妹俩被帕拉乎抓到，就在日食、月食的时候敲锣打鼓，吓走帕拉乎，保护太阳和月亮。姐妹俩在人们的保护下继续散发着光芒，普照人间。地震的传说则和一个庞然大物巴阿伦有关。他是沉睡在大地之下无边无际的暗海之中的大鱼。其实，巴阿伦以前不是一条大鱼，他是专门侍奉五百罗汉饮食起居的人。他勤勤恳恳，任劳任怨，每天辛苦地伺候着罗汉们，疲惫不堪。五百罗汉被他的辛勤劳动感动，决定让他以后好好休息。于是，众神将他变成一条大鱼，钻进地层，躺在暗海之中长眠。从此沉睡的巴阿伦，天冷的时候就脊背贴着大地，暗海的水就从他身下流过，所以冬天河流的水就变少；天热的时候，他把身体沉到海底，所以夏天江河就会涨水。而他躺的不舒服，身上感到发痒、发疼的时候，就翻滚身子，在地壳上来回蹭动，大地就会剧烈地晃动，所以才有了地震。

二、英雄的传说

傣族英雄人物的传奇故事在民间传说中占有重要的地位。经典的英雄史诗有《厘俸》和《相勐》等。《厘俸》中对傣族古代奴隶战争进行了全面详细的描述。故事中说道，古时傣族有很多国家，其中勐景哈和勐景罕两国最强大。但两国国王的品德完全不同，勐景罕国王生性残暴、荒淫无度，他居然看上了勐景哈王后婻崩，并用计将她劫走。于是，两国联合其他国家开始了震撼茫茫雨林的“海俸大战”。战争中有多个著名的英雄战将，还有数万头战象、战马，双方你攻我守，用尽计策，最终勐景哈国取得了胜利。

傣族之中还流传着很多关于阿銮的故事，例如，《金蛙阿銮》《口

袋阿銮》《大叶子阿銮》《香谷阿銮》《酸鱼阿銮》，等等。据说阿銮系列的故事多到“百十部牛车都拉不完”。“阿銮”一词来自梵文，指有本领的匠人。在傣语中一般指出身贫寒、意志坚强、本领高超、正直善良的英雄，或者是有福气、有本领的善良人。佛教徒则把这些故事说成是描述释迦牟尼转世的故事。阿銮故事中，有宣传佛教教义的成分，但整个内容远远超出了佛教思想范围，堪称傣族民间故事的总汇，内容涉及当时的社会结构、政治制度、阶级关系、伦理道德、婚姻恋爱等。

阿銮故事通常讲述的是勇敢、善良、智慧、英俊的青年男子的斗争业绩、生活道路及人生理想。阿銮故事的主人公一般都是生活困苦却有着远大抱负的青年，或是出身贵族，但因事不如愿而远游四方的少年。他们大都历经了种种磨难，走过曲折的道路，后来得到神灵的启示，增长了智慧和力量，战胜了艰难险阻，最终求得幸福，获得美满的结局。阿銮还被誉为“傣家人的金缅桂”，那些纵横驰骋、叱咤风云的阿銮，总是立志高洁，鄙薄荣华，心底里总是充满着纯净和光明，危难中总是抑制着邪恶，集善与美于一体，成为傣族人民所敬仰的英雄人物。

其中一则《神蛋的故事》是这样讲述的，它是对阿銮故事由来的最早解释：很久以前，在勐果色果拱这一地方有一棵神树，树根下有一个洞，洞里有五个乌鸦生下了五个神蛋。这些神蛋像绿宝石一般放射着异彩。一天，天空中乌云翻滚，雷电轰鸣，风雨大作。五个神蛋滚了出来，被狂风吹到天空，四处飘荡。风雨停歇之后，这五个神蛋分别落到不同的地方。第一个神蛋落到鸡的王国，由野鸡孵化出来，变成一个人，取名“爪嘎珊”，这是传说中的第一个佛祖；第二个神蛋落到野牛的王国，投胎于母牛，生下来变成一个人，取名为“古拉贡”，这是传说中的第二个佛祖；第三个神蛋落到龙的王国，由龙孵化成人，取名“嘎撒巴”，这是传说中的第三个佛祖；第五个神蛋则落到了勐巴拉纳国王的花园里，这个神蛋2500年后才裂开，天神给它取名为“帕召阿力亚米待”，他就是最后的佛祖。最具有传奇色彩的是第四个神蛋。它落到了人间，飘流到一条河里，被一洗衣的年轻妇女双手捧起，只见神蛋在她手里闪耀着刺眼的金光，接着一声巨响，神蛋裂开，从中走出一位英俊少年。这少年对她说，是天神派他来人间修行的，他的名字叫“果达玛”。果达玛要在人间修行五百五十代才能成佛。在这个过程中，他要历经千辛万难，饱尝人间沧桑，历尽各种磨难，不断轮回转世。比如他要拣完三箩细沙，每年只能拣一粒；他要变成人间万物，包括花草树木和飞禽走兽，最后才能变成人。经过这样长时间的磨炼，他才算修行完成。他修行的故事也就构成了阿銮所有故事的主要情节。在傣族民间传说中，把果达玛所经历的五百五十代分为三个阶段：33代以前是动植物，如《白鹦鹉》《红白牙象》《金雄狮的故事》《金鹿的故事》《草药的故事》，均是他投身动物和植物的故事；到了第34代变成人头动物身，如《干老壳阿銮》；从第35代开始，才变成了人。

《金岩羊阿銮》讲述的阿銮从金岩羊转变成人的故事。传说中，在茫茫的森林里有许多岩洞，岩洞里住着五百只岩羊，其中有两只又高又大的岩羊是羊群中的头羊。公头羊是阿銮的转世，母头羊则是它世世代代的妻子。在森林附近住着一对老夫妇。他们辛辛苦苦地种出一片山谷，却被五百只岩羊践踏殆尽。于是夫妇二人在山谷中装上很多皮扣，其中一个把母头羊的脚套住了。公羊守在母羊身边，用嘴去咬皮扣帮她挣脱。它们挣扎得精疲力竭，口渴难解，也未能解开皮扣。母羊就叫丈夫去找点水来。不料公羊走出不远又被另一只皮扣套住了。母羊等了好久也不见丈夫回来，就以为它丢下自己独自逃走了。她临死前对天诅咒说：“世上的男人太无情了，若是我第二世投胎，一定要

把天下的男人都杀绝。”后来这只母羊投胎成拉加王国的公主，长到十六岁时，忽然想起前世的誓言，便手持长刀，见男人就杀。国王劝阻无效，就叫所有的男人都藏起来，以免被杀。再说那只公头羊则投胎到一个穷苦人家。当他回忆往世，知道了公主乱杀男人的缘由，就决定解救所有的男人。他打听到公主每次杀了人，都要到佛寺向佛祖忏悔，于是来到佛寺等她。老和尚见来了一个小伙子，就劝他赶快躲起来。他却向老和尚借来纸笔，把他和妻子前世的遭遇画成图画，写上文字说明挂在佛寺里。公主来到佛寺后，看到墙上的图画和文字，惊呆不已。她回忆起前世，知道自己误会了丈夫，就痛哭起来。她向长老忏悔，并请他转告画画的人，说她今后再也不杀人了。这时小伙子从内院走出来，两人后世重逢，一时悲喜交加，抱头痛哭。公主的侍从跑回王宫禀报了消息。国王听后十分高兴，立即召集文武官员，把他们迎进宫来，并下令赶七天七夜大摆，为他们举行婚礼，并将王位让给这个小伙子。从此，这个小伙子就成了阿銮。①

麻贺沙塔的故事也广泛流传于傣族民间。他并不是一位果敢的英雄人物，而是一个充满着智慧的人，经常为普通老百姓出头，对付贪婪而蛮横的召勐（土司），正如我们熟知的阿凡提对付巴依老爷的故事一样。他的故事数不胜数，每一次与召勐的机智对抗中他总能胜出，替傣家普通百姓消除灾难。例如，有一次，贪婪的召勐为了收敛更多的财宝，就把百姓召集起来说道：“我要把我家里所有的公牛派给你们每一家去养，不要租金。但是年底的时候每头公牛都必须生出小牛，我只要一头小牛即可，其他生出来的小牛就都送给你们了。但是如果年底不给我小牛，每头牛要罚款五十个银元。”百姓们听到这番话苦不堪言，知道这是召勐的又一个敛财手段。听到这一消息的麻贺沙塔决定去和召勐讲理。第二天清晨，他到召勐家说：“仁慈的召啊，求求你

① 巴莫曲布嫫．傣族阿銮故事与叙事长诗．中国民族文学网．

给我赐一道神符吧，我父亲马上就要生孩子啦!”召勐一听勃然大怒：“你竟敢胡说八道！哪有男人会生孩子!”麻贺沙塔说道：“是啊，没人听说男人会生孩子，那谁又听说公牛会生小牛呢?”召勐哑口无言，只能收回自己之前的命令。还有一个“吃苦竹笋的故事”。春笋发芽的季节，百姓们都去挖竹笋，而最好最嫩的竹笋必须要献给召勐。有一天，收到很多苦竹笋的召勐，突然想出一个报复麻贺沙塔的好办法。他将麻贺沙塔叫到家中请吃午饭，桌上除了苦竹笋和螺蛳汤之外什么也没有。麻贺沙塔还是佯装愉快地和召勐共进了午餐。召勐一边吃饭，一边将自己吃剩的竹笋壳和螺蛳壳全部放到麻贺沙塔的面前。吃完后，召勐说：“你真是太馋了，瞧瞧你，面前的这些壳都堆成山了!”麻贺沙塔听了一点都没有生气，他笑着回答：“尊贵的召，馋的不是我而是你啊！你连苦竹笋的壳和螺蛳的壳都给吃干净啦，面前什么都没剩啊!”这番话使得召勐无言以对，又一次败给了麻贺沙塔。

三、人生与哲理

与我国中原地区大河平原相比，傣族居住地区山高林密、云遮雾绕、禽飞兽走，易造成神秘感，启发人们想象出神奇的境界和形象。自然环境还陶冶人们的性情，引领人们的趣味，从而孕育出多种风格的神话传说，表达着傣家人的人生智慧。

傣族有关人生哲理的很多故事都与动物有关，例如“绿豆雀和象”的故事。绿豆雀的家住在草坝上的草蓬蓬之中，春天的时候下了蛋，就要生出小绿豆雀了。这时候，大象从树林里走了出来，要踏过绿豆雀的家去湖边喝水。绿豆雀急忙飞到大象面前恳求：“大象啊，请您绕路到湖边好吗，前面是我们的家，孩子马上要出生了，如果这样走会踩死孩子们的!”但是大象并不理睬，甩甩鼻子，迈开阔步，还是踩碎了绿豆雀的蛋。绿豆雀非常生气，决定报仇。它找来啄木鸟和水雀帮

忙。啄木鸟飞到大象头上，使劲啄大象的眼睛，大象的眼睛看不见了，想喝水也喝不到。此时水雀在前面叫了起来，因为水雀生活在水上，大象认为水雀叫的地方就是有水的地方，于是朝着叫声的方向走去。当大象俯身准备喝水时才发现水雀叫的地方是大石头。大象越来越渴，当它听到水雀又在前方叫起来，它就继续向前走，结果“卟嗵”一声，大象掉进了悬崖下面，原来水雀在崖下发出叫声。通过这个故事，傣家人传诵着这样的道理“绿豆雀战胜大象，是依靠朋友的帮助和团结的力量”。

“孔雀与乌鸦”的故事也蕴含着深刻的为人哲理。故事中有一群孔雀和一只乌鸦，它们一起去寻找食物。有一天，它们一起捕虫吃的时候，被猎人事先布置好的竹夹子夹住不能动了。这时一只孔雀想出了一个逃脱的办法：“等猎人来的时候咱们不要动弹，全部装死，这样他会一个一个打开我们的夹子，等他把所有的夹子打开，咱们立刻全部飞走。”猎人到来后，看到这些鸟全部死了，果然将竹夹子一个一个打开。当打开所有孔雀的竹夹子后，猎人叹息地说道：“唉！怎么都吓死了，要是有活着的就好了，我可以拿回去好好养着。”这时猎人正在解开乌鸦的夹子，乌鸦听到这番话，灵机一动，想到如果被猎人饲养，就能免去自己找食的辛苦，于是“呱呱”地叫了起来，表示自己还活着。但是猎人并不喜欢乌鸦，他当时就将乌鸦的脖子拧断了。而此时，所有的孔雀全部飞走了。

对于辨清是非，妥善交友的道理在“麻蛇和青蛙”的故事中有所展现。一群青蛙在清澈的大水潭里每天欢快地“咕呱咕呱”地唱歌。歌声传到了山上，饥饿的麻蛇听到后，知道一群青蛙在下面水池中，就馋得直流口水。不过麻蛇不想只吃到一只青蛙，它想每天享受这些青蛙美食。狡猾的麻蛇想出了一个办法，它跑到青蛙的面前用尽所有美好的词汇夸赞他们美妙的歌声，并且提出想和它们住在一起，以便每天都能听到歌声。年轻的小青蛙们听到这些溢美之词，高兴得不得了，就问老青蛙是否可以留下麻蛇和它们在一起。老青蛙并不同意，它说："孩子们，你们应该记住，夸奖你们的人不一定是你们的朋友，不要随意把外人领到家里来。"可是麻蛇还是每天来到青蛙群中，变换着各种甜言蜜语，希望能留在这里。有一天，老青蛙生病就独自养病去了，趁老青蛙不在，麻蛇终于说服了小青蛙们，和它们生活在了一起。麻蛇每天仍然表面上和小青蛙们和睦相处，帮它们很多忙，但同时，它每天偷吃一只小青蛙。过了一阵，老青蛙的病好了，它回到家中发现小青蛙少了很多只。老青蛙知道事情不妙，急忙询问了情况，并带着小青蛙们悄悄地跟踪麻蛇。它们果然看到麻蛇将一只青蛙吃掉的场面。老青蛙教训孩子们说："现在你们该清醒了吧，麻蛇嘴上夸你们，目的是为了骗取你们的信任，让你们变成它的盘中餐啊！"

第三章

多彩的热带生活

傣族是生活在雨林的民族，大面积的热带雨林为傣族提供了一个富氧的生存环境，千百年来他们在这片土地上自由地呼吸。热带生活对傣族的日常习俗产生了重要影响，使得傣族的饮食、服饰、节庆、文化、艺术、工艺均形成了特有的热带民族风。

第一节　色彩民族

傣族的生活离不开色彩，无论是木竹搭建的建筑、绿色盎然的庭院，还是五彩缤纷的服饰，亦或丰富美味的佳肴，都展现出多重绚丽的色彩。其中有常年不败的绿色植物和多彩花朵，有水红、嫩粉、淡黄、雪白、天蓝等各种颜色的传统服装，就连傣族的文字，传说之中也是记录在绿色的叶片之上，形成了一幅美不胜收的风情画卷。

一、猎人发明的文字

傣族有本民族的语言和文字。傣语属于汉藏语系壮侗语族壮傣语支。傣族文字分为五种：在西双版纳等地通行的称为傣泐文，又称西双版纳傣文；在德宏等地通行的称为傣那文，又称德宏傣文；在瑞丽、澜沧、耿马等县市的部分地区使用的称为傣箋文；在金平使用的称为傣端文，又称金平傣文；在新平使用的傣文，又称新平傣文。这五种傣文都是从印度的巴利文演变而来的，与老挝文、泰文、缅甸文、高棉文属于同一体系，均为自左向右书写，自上而下换行，但形体结构有所差异。以上语言和文字中，西双版纳地区和德宏地区的语言文字是比较通用的。新中国成立后，根据实际需要和本民族人民的意愿，对这两种文字进行了改进。

在古老的傣族传说中，傣文是“盘坝”（猎人）发明的。相传古时候一个箭法高超的猎人每天都去森林里打猎。他每天捕到很多动物，但是没有合适的方法记录下捕获的动物数量和品种。一天，他在一棵树下休息，偶然发现有条小虫爬在芋叶上面蛀食，在叶片上留下很多弯弯扭扭的斑痕，猎人从中得到启发，模仿着虫蛀叶留下的那些符号，用硬刺在叶片上刻画下符号，用作记物的符号。后来，猎人模仿虫蛀叶痕迹创造出来的符号被更多人采纳，逐渐演变成文字符号，被人们称作“多蒙嘎端”（虫蛀文字），成为傣族最早的字母。

傣文受到佛教的影响较大，不过据有关傣文史料记载，早在佛经传入傣族地区以前，傣族不但已有自己的古老文字，即数字文和象形文，而且还发明创造了字母。傣文史料《刹沙打》和《波腊纳坦》中记载，远古时期的傣族，在象形文字产生以前，曾经历过以物计数和传递信息的历史，那时用篾片折叠的方法记事，用相思豆和酸角籽计算物资和分配财产。佛教转入傣族地区后，佛经梵文体字母被傣族所接受。41 个巴利文辅音字母的传入，充实了傣族文字，对推动傣族文字和文化的发展起到了重大的作用。傣历 639 年（1277 年），一位名叫阿雅坦孙洛的高僧，增创了 15 个傣文辅音字母和 11 个元音符号，进一步发展了傣文。至此，傣文更为完整，形成了傣族文字系统的基础。傣文的形成和规范化是傣族社会生活的重大转折，标志着傣族跨入人

类文明的时代。同时，又极大地推动了傣族文学的蓬勃发展，成为宝贵的精神财富和生产生活中必不可少的交际工具。

傣文书籍多数是关于佛教和文学的作品，也有部分是专门研究傣文的著作，例如，《萨普阐提》（意为《音韵诠释》）主要讲述了傣泐文的字母分类、发音方法、拼音方法等。《戛拉扎叁》则主要讲解了拼写的规则和韵律等问题。

傣语不仅是傣族的语言，而且在有些地区还通用于当地的其他民族中。如西双版纳的布朗族、哈尼族、佤族、拉祜族、瑶族等民族，德宏地区的德昂族、阿昌族、景颇族等民族，一般兼通傣语。

二、“凤凰展翅”的建筑

傣族的建筑受气候、海拔、地形、建筑材料等自然环境和人口、经济、宗教、政治、思想意识等社会环境和思想的影响，主要有以西双版纳地区为代表的优美灵巧的干栏式建筑，以元江、红河一带地区为代表的厚重结实的平顶土掌房，以及典雅富丽的佛寺建筑。① 韵味十足的傣族民居、佛寺建筑和错落有致的村寨一道，成为傣族传统民族文化的象征。

干栏式建筑是傣族民居的主要代表。“干栏”一词为壮傣民族语言的音译，“干”的意思是崖洞、空洞，“栏”的意思是房子，“干栏”的意思即为悬空的房子。这种建筑形式俗称为竹楼，源于房屋材料中使用了很多竹材。干栏式建筑的外形像一只跃跃开屏的金孔雀，它以“金鸡独立”的舞姿站立于翠竹绿林之中，又像一顶巨大的帐篷遮掩在蓝天绿地之间。掩映在翠竹丛的竹楼，远望影影绰绰，似隐似现，近看整齐有序，小巧别致，别有特色。

---

① 周长军，申玉红，杨启祥等．云南德宏傣族文化中的数学因素调查分析［J］．数学教育学报，2010，19（3）：56～59.

干栏式房舍分上下两层，上下层之间有7级至9级楼梯相连。上层住人，可避免或减少雨林地区的毒蛇、毒虫的侵袭。上层通常设堂屋和卧室，堂屋一侧还有火塘，用于做饭、烧菜和煨茶，火塘旁边是吃饭喝茶和接待客人的场所。在一侧或两侧设有外廊和晒台。在这个阳台上，主要用于洗漱、纳凉和洗晒衣物，以及放置储水罐、花盆、腌菜缸等。竹楼下层高约两公尺，四周没有遮栏，主要拴放和饲养鸡、鸭、牛、羊等家畜和堆放农具、粮食、柴禾和杂物等。

干栏式住房以木、竹为主体材料，以数十根木柱为桩，墙和楼板多以粗竹直剖压平而成，围墙用竹片编织，楼板用剖开的竹子压平做成，门、窗也用竹子制作，房顶覆以茅草、瓦块或葵叶编的草排。屋顶为双斜面，坡度较陡，屋脊两端设通风孔。屋檐较低而且出挑深远，起遮阳避雨作用。竹楼不仅样式美观、结构合理、布局得当，而且整座建筑空间间架高大，干燥凉爽，非常适合河谷坝区炎热、潮湿、多雨的居住环境。

干栏式住房都是由单幢构成，各家自成院落。竹楼周围的宽阔庭院里种植瓜果林木或开挖小鱼塘，既可蔽阳遮阴，又是一道不设防的天然绿色围墙，外围以竹篱围住。竹楼一个个排列整齐、方向一致，庭院内果树花木繁盛，绿树成荫，竹影婆娑，曲径通幽，使得傣家村寨充满了建筑美和自然美的相互交融，极具审美价值和艺术价值。

傣族将竹楼称为“很”，是由“哄很”（凤凰展翅）一语演变而来的。相传一个叫做桑木底的傣族小伙子最开始设计了这种住房。为了让傣家人能够舒适居住，他先后设计了三种住房。首先他从“人们站在树下躲雨”中得到启发，用树叶、茅草盖了平顶的房子，但因为漏雨而不适宜居住。后来他看到雨水打在猎犬身上时，水会顺着其身直往下淌，可以解决漏雨的问题，由此设计了一种前高后低，形状类似于狗头的房子，名为“杜玛掀”。虽然这种房屋解决了漏水问题，可是

无法应对强风和潮湿，桑木底仍然需要对房屋进行进一步的改进。在他思索多日，一筹莫展之时，一只美丽的凤凰冒着风雨飞到他面前，不断扬起双翅，还低头拖尾，最后将脚立在地上。凤凰不断重复这些动作，一心陷入思考中的桑木底突然茅塞顿开，明白了凤凰扬起翅膀是在暗示屋脊要设计成“人”字形，低头拖尾暗示两侧应该增加遮挡风雨的隔断，而脚立在地上，高高矗立的凤凰身姿是在暗示房屋要分为上下两层。聪明的桑木底就按风雨中的凤凰舞姿，设计了这种既能遮风挡雨，又能防潮、防野兽的“凤凰房屋”，即竹楼。竹楼非常适合当地的气候条件，一直沿袭至今。传说中这只前来帮助的凤凰其实是傣族天王帕雅英所变。

除了“凤凰展翅”的传说之外，相传桑木底建造竹楼的过程中还得到了很多动物的帮助。如房屋中的“琅玛”——架在房梁上的横木，是狗献出了它的背；“必养”——屋檐，是白鹭献出了它的翅膀。此外，还有乌龟做了楼梯的垫板，两条母龙做了楼梯的扶手，麻雀和燕子衔来茅草帮助盖屋顶。直到现在，很多竹楼中使用的木材、部件还以动物肢体来命名。这反映了傣族先民朴素的仿生意识，同时也在一定程度上反映了傣族先民的动物崇拜意识。其实，傣族民间流传着很多有关竹楼的传说，叙事歌谣《造房歌》、《抬木头歌》、《洗房柱歌》和《斗楼梯歌》之中都有所叙述。

其实，干栏式住宅的建筑形式已有七千多年历史，源于新石器时期的河姆渡人，定型规范于清代，因此具有极其珍贵的历史文化价值。《韩非子》中记载：“上古之世，人民少而禽兽众，人民不胜禽兽虫蛇。有圣人作，构木为巢，以避群害，而民悦之，使王天下，号曰有巢氏。”《新唐书·南平僚传》记载：“人楼居，梯而上，名为干阑”，可见这种建筑形式年代之久远。它的创造和建设是傣族人对河坝、森林为特色的热带森林环境的适应，有着科学与文化的双重意义。同一地

傣家竹楼 （博林摄）

区的其他民族，如哈尼族、布朗族和基诺族等民族也建起了相似的竹楼和村落。

竹楼中的很多细节体现了傣族人的智慧。例如，竹楼中每根接触地面的柱子下面都会垫上一个大块鹅卵石，使柱子不直接接触地面，防止热带潮湿地面的水分上升和白蚁筑穴，保护了竹木结构的房子。对于非接触地面不可的支架柱子和埋入土壤的冲米臼，则选用耐腐蚀和白蚁不容易啃食的木料，或对竹木料进行防腐等处理。防腐处理的方法通常是把竹木材料放在河里或水塘里浸泡数月，将一些可溶性的物质消溶，从而不招惹蛀虫并减少微生物的寄生。那些需要直接埋进土壤的木材则用火烧，使其入土部分炭化，从而实现耐腐蚀。此外，在竹楼上每日生火做饭的火塘，烧火时烟雾弥漫，也起到了防虫、抗腐蚀的作用。

过去，傣家人的等级、辈分区分非常严格，不同等级、不同辈分

的人所居住的竹楼有显著差别。例如，凡是长辈居住的房屋内柱子，不能低于6尺，楼室比楼底要高出6尺，竹楼的阶梯建9级之多。儿子辈的竹楼，比父辈的竹楼档次要低一些。而分家之后的女儿所住的竹楼，结构档次要比长辈更低一些，竹楼阶梯只能造在7级以下，外表更加低矮，室内结构也较简单。

如今，随着对竹、木等资源保护意识的加强和经济的发展，传统的竹木式住房已被混凝土、砖瓦结构的楼房所取代，木柱换成了砖柱或水泥柱。但干栏式建筑的整体形态仍未改变，“竹楼”一称也一直沿用至今。

在气候变化较大，平坝少而山地多，依山麓而居的其他傣族地区，与干栏式建筑不同，代之而起的是厚重、结实的平顶土掌房。土掌房土墙有两层，以泥土或土基围砌成墙，一般厚达三尺，具有应对不同季节的防热保凉、防寒保暖的独特功效。一般在屋内正中开一扇几平方米的天窗，用来通风透光。土木夯实的平面屋顶厚达五至十寸，夏夜可在平顶上纳凉，秋收时也可在顶上翻晒谷物，有效地利用了空间。对于防火防盗、温湿调节的巧妙功能，清代诗人还曾赞美道：“家家平顶重铺土，蔽门藏阴得少宁。”

在傣家民居之中，较为特别的建筑是水井建筑。虽然傣族濒水而居，但并不从中取水，而是挖掘水井取水饮用。水井一般在村寨入口处或寨边道路旁。为保证水源的洁净，人们还会在井上方搭建井塔，建筑风格具有浓郁的傣族文化气息。井塔形貌各异、精美华丽，下部类似塔身、塔刹，四周彩绘鲜丽。水塔上还会镶嵌大小不一的很多小圆镜，有的还塑有白象、神兽守护。旁边通常放置板凳、盛水陶罐等，供路人休息之用。傣族水井还有自己的名字，比如酒井、女人井、宝石井，等等。

除了民居之外，独具特色的佛寺、佛塔最能体现傣族建筑的精美。在傣族人生活的地区，佛寺建筑随处可见，几乎每个村寨都有佛寺，有的佛寺旁还建有佛塔。佛寺、佛塔成为傣族群众心目中的圣殿，也是他们聚会和娱乐的中心场地。

傣族的佛寺叫做“奘”，整体风格精致而堂皇，是傣族村寨中最耀眼的建筑。佛寺以重檐多坡面平瓦建筑为主，大多成方形，坐西朝东，屋顶坡面由三层相叠而成，中堂较高，东西两侧递减，交错起落。屋顶使用长方形片瓦，瓦尾钩在平形的竹制横椽之上。寺庙中的雕塑和壁画既有南亚艺术风格，又显现出中原文化的影响，是傣族造型艺术的精品。

傣族的寺庙 （博林摄）

西双版纳的佛寺在历史上分为四个等级，最高一级是大总寺，设置在召片领的所在地，第二级是 12 个版纳中各个版纳的总佛寺，第三级是各个分片的中心佛寺，第四级是一个村寨的佛寺。西双版纳的佛寺一般由维罕、哄和波苏三个部分组成。维罕（佛殿）是佛寺的中心建筑，一般为东西纵向布局，雕梁画栋，雄伟壮观，内供佛祖释迦牟尼的巨型塑像；哄又分为哄坦（藏经室）、哄暖（僧侣卧室）两种；波

苏（佛亭）是佛寺的一种外形似塔的附属性建筑，它代表着佛寺等级的高低，凡历史悠久，等级较高的佛寺则建有波苏。一般下部台基的平面呈方形、矩形、六边形、八角形。上部屋顶类似佛殿，也有多层重叠的宝塔状阁楼，入口处多有彩塑卧龙或神兽守护。波苏还是僧侣议经，推算宗教节日，举行忏悔和晋长佛爷之地。

佛塔是镇妖降魔，保佑平安的象征。传说古代有个恶魔常常兴风作浪，把灾难带给人间，佛祖巡视传教得知这一情况，便降住妖魔，建佛塔将其压在山下，百姓才得以平安。佛塔的样式多种多样，有金刚宝座式、密檐式、亭阁式、金钟式等，还有单塔、双塔、群塔之分。群塔由处于中央的主塔与周边若干小塔组成，如盈江的曼勐町塔就有四十多座小塔，宛如众星捧月，直上云霄，蔚为壮观。

傣族村寨的佛塔　（梁旭摄）

佛塔多为砖石砌建的实心塔，由塔基、塔身、塔刹部分组成。塔基为多角形须弥座形式，有正方形、六角形、八角形等。每面有一座佛龛，内塑一尊精巧佛像，塔基四方塑有龙蛇怪兽守护。塔身平面形状有圆形、六角形、八角形等，多由锥状体的多层须弥座垒叠而成，线条变化多端，轮廓分明。塔刹由莲座柏轮刹杆组成，造型大同小异，顶端装置黄铜镂成的璎珞。傣族村寨中有很多塔群，因而享有“塔乡”的美誉。

三、“喃咪”调制的美味

傣族烹调技法受汉族菜肴和佛教斋菜的影响较深，在长期的发展进程中形成了别具一格、自成体系的“傣族风味”。

“喃咪”是傣语，意思是酱料。酱料是傣族饮食中不可或缺的调味佳品。如果只能用一种味道来形容傣家饮食，那么最合适的词汇应该就是“酸”了。傣族喜食酸味食品，所有佐餐菜肴及小吃均以酸味为主，如酸笋、酸豌豆粉、干酸菜、酸鱼、酸肉及野生的酸果等，因此还被称为“酸傣族”。据说傣族之所以常食酸味菜肴，是因常吃不易消化的糯米食品，而酸味食物有助于消化。

傣族大多日食两餐，以大米和糯米为主食。西双版纳的傣族主食糯米，德宏的傣族主食粳米，通常是现舂现吃，不吃宿粮。民间认为，粳米和糯米只有现舂现吃，才不失其原有的色泽和香味，因而不食或很少食用隔夜米，习惯用手捏饭吃。傣家的糯米食品种类很多。比如，用糯米泡在香竹筒里，在火灰中焐熟，劈开后食用，柔软香甜，是待客的佳品。此外还有扁粽，叫“毫多索”，是节日食品；糯米拌红糖、蛋黄、芝麻做成粑粑，叫“毫崩”；用烘烤做成的“毫吉”；用芭蕉叶包的粽子“毫栋贵”等。

傣家以糯米为食的传统有着这样的传说：很久以前，一群猎人在

打猎的途中忽然闻到一股香味，他们便顺着香气去寻找，结果发现水塘边的野草上结着很多萝卜模样的果子，又香又甜。大家纷纷摘下来吃，每人吃了一颗就饱了。大家觉得这个新发现的食物既好吃又耐饿，便给它取名为“糯米”，并将它栽到田地中，结果成功地种植出新的稻米。从此，傣族以糯米为主食的习惯就流传了下来。

傣族风味的基本烹饪方法是烤、炸、蒸、剁、腌，很少炒菜。日常肉食有猪、牛、鸡、鸭，不食或少食羊肉。居住在内地的傣族喜食狗肉，善作烤鸡、烧鸡，极喜鱼、虾、蟹、螺蛳等水产品。傣族风味小吃也很多，有香茅草烤鱼、香茅草包蒸鸡、炸牛皮、酸笋煮鸡、菠萝紫米饭、酸笋煮螺蛳、腌牛筋等。傣族的凉拌也十分美味，比如干巴丝、包烧鱼，等等。

以青苔入菜是傣族特有的风味菜肴。傣族民间素有谚语：“三月青苔露绿头，四月青苔绿满江”。青苔的来历也有一个美丽的传说。古时候有一个善良勇敢的傣家小伙子岩宰朵，他是一个孤儿，每天靠捕鱼为生，过着穷苦的生活。有一天，他捕到一只闪闪发光的红鲤鱼，因为实在舍不得吃掉或卖掉，就把它养了起来。第二天，捕鱼回来的岩宰朵发现屋内桌子上摆满了丰盛的饭菜，正在他惊奇于这一幕时，坛中的红鲤鱼变成一位美丽的姑娘出现在眼前。这位姑娘说自己是龙王的女儿，名叫嫡金宽，看到岩宰朵诚实勤劳，又孤独一人，对他心生爱慕，想和他成亲。岩宰朵觉得自己配不上这么好的姑娘，但嫡金宽执意嫁给他，于是二人便结了婚，过上了甜蜜的生活。可惜好景不长，一个有权有势的人听说龙王的女儿嫁给了岩宰朵，心生羡慕和忌恨，于是派人将嫡金宽抢了过去，但嫡金宽誓死不依，用法力杀死了他。此事发生后，因为得罪了权贵，同时也为了保护岩宰朵，嫡金宽只能离开爱人，回到龙宫。她又变成红鲤鱼跳回江中，美丽的头发随着江水飘荡变成了青苔，赶到江边的岩宰朵没有找到妻子，只能将这些青苔拿回去作为纪念。晚上，嫡金宽托梦给岩宰朵，告诉他这些头发是青苔，在火塘上烘烤后可以成为美味佳肴，是她送给父老娘亲们的礼物。从此，青苔成为傣家餐桌上的一道独特菜品。

苦味也是傣族餐饮中的一个特别味道。苦瓜是傣族地区产量最高、食用最多的日常蔬菜。除苦瓜外，西双版纳还有一种苦笋。较有代表性的苦味菜肴是用牛胆汁等配料烹制的“牛撒撇”凉菜拼盘。

傣族地区潮湿炎热，昆虫种类繁多，因此有很多以昆虫为原料制作的特色风味食品。常食用的昆虫有蝉、竹虫、大蜘蛛、田鳖、蚂蚁蛋等。蝉一般用来制酱，蝉酱有清热解毒、去痛化肿的作用。傣族人普遍喜食蚂蚁蛋，经常食用的是一种筑巢于树上的黄蚂蚁，蚂蚁蛋大小不一，有的大如绿豆，有的小如米粒，洁白晶亮。蚂蚁蛋既可生食又可熟食，生食时制酱，熟食时用鸡蛋炒食。

“剁生”也是一种特别的傣家菜肴，即把生肉剁成肉泥，加上盐、辣椒、姜、香菜等佐料，用温开水调匀，便成为非常美味的一道菜。

傣族人喜酒，但酒的度数不高，多数是自家酿制的米酒，味香甜。元代《马可波罗游记》中对傣族的酒有所记载：“饮一种酒，用米及香料酿造，味甚佳。”茶是傣族地区的特产，傣族只喝不加香料的大叶茶，其中最为著名的当属普洱茶。喝茶时只在火上略炒至焦，冲泡而饮，略带煳味。

傣族饮食还形成了自身特有的文化和习俗。例如“赶摆黄焖鸡”是西双版纳男女青年以食传言的恋爱方式。姑娘把黄焖鸡拿到市场上出售，如果买者恰恰是姑娘的意中人，她就会主动拿出凳子，让其坐在自己身旁聊天，如双方情投意合，两人就端着鸡，拎着凳子到树林里互吐衷情；如买者不是姑娘的意中人，姑娘就会加倍要价。“吃小酒”是指在男女订婚时，男方挑着酒菜去女方家请客，当客人散去后，男方与三个男伴和女方及其三个女伴，共摆一桌酒菜。“吃小酒”共吃

三道菜：第一道是热的，表示火热；第二道要盐多，表示深厚；第三道要有甜食，表示甜蜜。

傣族聚餐　（博林摄）

傣家人的婚宴上菜肴有象征吉祥的血旺、年糕及各式菜。高龄老人还将糯米饭捏成三角形蘸上盐，置于火塘上的三脚架的顶点上，任其火烧后自然脱落，象征爱情像铁一样坚实。元江大平乡的新娘过门后要与新郎端坐在长凳上，吃四个鸡蛋拌的糯米饭，喝两杯酒；元江江边的傣族新娘过门，则由男方分给每个送亲者肉 4 片、排骨 4 根、丸子 4 个、酥肉 4 块，然后方可吃正餐。

四、独具风情的傣族服饰

傣族服饰淡雅美观，既讲究实用，又有很强的装饰意味，颇能体现出热爱生活、崇尚优雅之美的民族个性。傣族因分布区域不同，服饰也有所不同。男性的传统服饰保存已不多，传统服饰的特点主要还是通过妇女的穿着打扮来体现。《百夷传》中就提到："男子……或衣宽袖长衫，不识裙袴……夫人髻绾于后，不谙脂粉，衣窄袖衫，皂筒裙，白裹头，白行缠，跣足。"

傣族男子一般常穿无领对襟或大襟小袖衫，下穿长管裤，用白布或青布包头，有的则戴礼帽。傣族妇女一般都长得身材苗条，面目清纯娇美，看上去亭亭玉立，仪态万方，因此素有"金孔雀"的美称。她们不仅长得美，而且还善于打扮，用独具特色的服饰把自己装扮得如花似玉。傣族女子基本上都以束发、筒裙和短衫为共同特征，将她们修长苗条的身材充分展示出来。这种装束充分展示了女性的胸、腰、臀"三围"之美，加上所采用的布料轻柔，色彩鲜艳明快，无论走路或做事，都给人一种婀娜多姿、美丽飘逸的感觉。

傣族女子上衣色彩较淡，多为水红、嫩粉、淡黄、浅绿、雪白、天蓝等色彩。上面穿一件白色或绯色内衣，外面衣衫紧而短，下摆仅及腰际，刚好在筒裙的银腰带上。衣衫多用乔其纱、丝绸、的确良等料子缝制。袖子又长又窄，仅容一只胳膊穿过。衣襟上镶各式花边。天冷时，外套各种彩色的毛衣、西装。

筒裙是傣族妇女的传统服装，这种服饰出现很早，在唐代的《蛮书》中已有记载。最初的筒裙是以木棉为原料纺织的娑罗布（又称桐华布、吉贝布）制作的。筒裙有长短两种，长裙自腰腹及脚背，约3尺；短裙自腰腹及膝盖，约2尺。通常先将土布织成方幅，然后稍加剪裁，缀联两头，成为桶状。裙上横向织有花纹图案，或染成各种颜色，表现出傣族妇女独特的审美情趣。

傣族妇女服饰主要分为西双版纳类型、德宏类型、元江－新平类型、元阳－红河－金平类型等四种类型。

西双版纳女子着白色、绯色或彩色的紧身内衣，大襟或对襟圆领窄袖衫，花色长筒裙，并用精美的银质腰带束裙。这种筒裙腰臀处比

西双版纳傣族服饰　（梁旭摄）

较贴身，而脚摆处则宽松自如，不妨碍行走，利于通风透热和频繁的洗涤。这种端庄而不失活泼的装饰与上短下长的紧身服饰使傣族女子显得高挑修长。如今随着衣料的越发丰富，妇女服饰更显缤纷。特别是在节庆时节，盛装的傣家妇女犹如美丽的鲜花，一簇簇，一丛丛，让人目不暇接。男子服饰为白色对襟圆领长袖上衣，戴淡青或白色、红色包头，并在末端饰以彩色丝线，垂于耳旁。受邻国缅甸边民的影响，有的男子也会穿着上下贯通的筒裙，但不系腰带，而是将宽余部分在腹前系结，俗称“笼基”。

德宏一带傣族妇女中的一部分，如瑞丽江畔的妇女，服饰与西双版纳类型大同小异，也穿筒裙和短上衣，色彩艳丽。另一部分，如德宏盈江、陇川、梁河一带傣族妇女，婚前上穿浅绯色大襟短衫，下着长裤，腰系绣花围腰，梳发辫盘于头顶。婚后则收发易装，改穿对襟黑色或白色短衫和黑色筒裙，束发于顶，外裹毛巾，进入中年后则戴用黑布缠制成的高筒帽。

新平、元江一带傣族支系众多，各支系服饰各具特色，或华丽多彩，或淡雅清秀，但颜色都以黑、红为主调，喜带包头，头饰多彩艳丽。新平的傣亚支系，俗称花腰傣，其女子服饰最为特别。她们以头戴边缘上翘的篾帽，腰系精致小巧的五彩腰箩为重要服饰特点。她们在衣襟、腹、背处和前额包头处缀满闪亮的小银泡和鱼形银器，手指、耳孔、手腕皆佩银饰，一旦走动，满身银饰叮当作响，平添无限生机与富贵。

花腰傣女性服饰　（博林摄）

元阳、红河两地傣族服饰大同小异，衣饰有冬夏之分。夏季时上衣为黑色圆领右衽短袖衣，冬季改为长袖，袖用花布缝制，襟边、下摆、袖口、腋下两侧皆饰宽窄不一的刺绣花边，下穿至膝的黑色筒裙，绑脚刺绣有几何形、花形或文字。包头为黑色，前额上端装饰有一块十寸宽的五彩刺绣，末端的三角形直竖着暴露于上方。未婚者的包头末尾两截是五彩刺绣，披垂于脑后，已婚者的则无。金平傣族妇女上着白色对襟长袖衣，纽扣为蝶形银扣，下穿长筒裙，腰系绿色或红色的飘带。发式或盘髻，或盘发辫。

在云南省文山壮族苗族自治州内还有因为服饰而被熟知的傣族——山傣。其实这一傣族支系叫做黑傣，主要穿着黑色衣裤。其特别之处主要在于帽子，妇女通常头戴山型帽，帽内有支撑沟，将两侧高高撑起，前后两端则用竹笋叶做底，蓝布沾盖，钉有银袍为饰。黑傣人常说："其他地方的傣族把河水化为腰带系在腰间，我们黑傣把大山当做帽子顶在头上。"就这样，文山黑傣就被人们叫做"山傣"[①]。

傣族妇女均爱留长发，束于头顶。老年妇女以白毛巾缠头。中年妇女留长发，盘发于顶，用各色纱巾包头，幼女也用纱巾裹头。少女、青年妇女则梳发辫，发式和内地相同。只有在节日时，少女们才绾髻于顶略向左倾，饰以插簪，鲜花等。

傣族妇女盘发于头顶　（尹杰提供）

傣族无论男女，出门总喜欢在肩上挎一个用织锦做成的挎包（筒帕）。筒帕是傣族人民生活的必需品，同时又是一件重要的装饰品。无论男女都喜欢筒帕，筒帕也为他们的服饰增色不少。年轻的小卜少们在赶摆或过节时，打着艳丽的小花伞，挎着筒帕，与身上穿着的民族服装搭配在一起，显得非常协调。目前筒帕仍很流行，但多是中年妇女使用，很多姑娘已改背现代皮包。

① 罗琼芬，梁宇明．文山山傣及其民歌．民族音乐．2009，6：45～46.

因气候炎热，傣族男女老幼均喜欢赤脚穿拖鞋。妇女们还喜欢戴手镯、戒指、耳坠、项链等，这些饰品由金质、银质、玉石等材质制成。女婴生下来几天，就由家长用消过毒的针扎耳，为戴耳环作准备。对女性而言，银腰带更是不可缺少之物，腰带上饰以孔雀、莲花等各种花型，人们认为银腰带越宽就越美。

第二节　水生水长

傣族人是生于水、长于水的民族。水不仅在物质上保证了傣族人的生活，还从精神上塑造了他们平和而柔情的性情。作为一个崇尚水的民族，他们对水始终都怀有一份极为真挚、深刻和特殊的感情。

一、水之意蕴

傣族认为水是无比伟大和圣洁的。他们不仅相信天空和大地来源于水，而且认为人类生命的一半也是由水创造的。傣族人把土地叫做“喃岭”，在傣语里“喃”的意思是水，“岭”的意思是土地，表明傣族把水和土地联系在了一起，把水看作是土地的一部分。

傣族的生活离不开水。正如民谚说：“寨前渔，寨后猎，依山傍水把寨立”，“无山不狩猎，无河不建寨”，所以，所有傣族村寨都傍水而建。丰富的水源是傣族选址、建寨和定居的重要条件之一。这样，清水能够从山里源源不断地流淌出来，灌溉村寨附近平坦肥沃的土地和稻田。

在传统的傣族社会里，稻米种植是农业体系中最重要的部分。至今，绝大多数傣族仍在种植水稻。傣族的这种农业体系一直依赖于高效的水利灌溉系统。如果没有水源，是根本不可能进行农业生产的。当秧苗插入稻田的时候，需要用到水；在种植和移植的过程中，秧苗

茁壮成长，需要多次更换田里的水。精美的水井建筑也体现了傣族对水的崇拜，水井是村寨中非常重要的地方。直到今天，尽管许多村寨已经建立了自来水系统，但大多数村民仍习惯从井里取水。这是因为村民们相信源于大森林的井水比人工的自来水要洁净得多，味道也要好。而河水则多作为洗涤和沐浴之用。

傣族人对水的依恋与风俗习惯和居住地的气候有关。在亚热带的高温下，傣族人每天都会洗澡，有些人甚至一天洗两到三次，正所谓“一日十浴”。每天劳作结束后，他们会到河堤边洗澡。洗浴是人们一天中最为快乐的时光。泡在水里，人们洗去了辛劳一天之后的疲惫，尽情地享受着悠闲的时光。河面上或是灿烂阳光，或是金色黄昏，而河中央，波光粼粼，翠绿清澈。享受沐浴带来清爽的同时，傣家人还相互嬉戏、说笑，年轻人更是相互泼水娱乐，笑声、歌声、水花声，声声回绕在在这美景之中。沐浴中的人们互相诉说着一天生活的点滴，欢笑和美好的感情同沐浴一样清洗了人们的心灵。

其实，对于傣族而言，水的重要性不仅局限于日常之用，更为重要的作用还在于它对整个傣族的社会传统、价值观念都产生了极其深远的影响。傣人很早开始就有了关于水的各类崇拜、祭祀等活动。一个傣族人刚刚来到这个世界上和离开这个世界的时候，人们都会用清水进行洗礼，是生命开始和终结时的第一件事，寓意人来自水，也回归到水的朴素思想。傣族认为水神带给人们的不仅仅是好运，有时也会给人们带来灾难。他们相信河里居住着河神，神发怒的时候会制造水灾来惩罚人类。傣族在每年二月都举行典礼祭祀河神。典礼这一天，人们全部聚集河边，由德高声望的长者将食物、金银等各种祭品扔至河中，作为侍奉河神的贡品。人们祈祷河神能够源源不断地赐予水源，保证庄稼的生长。同时，人们也会默默祈祷，河神不要淹没村庄，不要带来水灾。傣族人的性格也渗透着水的特质：晶莹、透亮、善良、温和，同时又坚韧、勇敢。因此，水成为傣族美好生活乐章里最富色彩的音符，也形成了傣族深厚的水文化积淀。

走在傣族地区会发现，在位于路边或村旁小径的小木棚里常常能够发现盛满清水的陶罐及喝水用的杯子，这是村民们为过路人口渴时所准备的。这一习俗在傣族地区已延续了数百年，是傣族人民施恩行善的一种表现，表达出与各民族同胞一起分享水的美好祝福的愿望。

傣族信仰佛教之后，水文化中也逐渐融入了佛教文化的因子。在佛教活动中，傣族把水当作圣物。在佛寺里，人们每天都把洁净的水当作祭品来供奉，在念经时也要一边念一边用一个小壶滴水。重大的佛教祭祀活动中，滴水仪式是最为重要的仪式之一。在傣历新年期间，最重要的庆祝活动被称为“浴佛”，人们用清水给佛像沐浴。人们还用清水彼此泼洒，以表达相互间的祝福。因此，傣历的新年也被形象地称为“泼水节”。

二、热闹欢快的节庆

泼水节亦称宋干节，是傣族最隆重的节日。每年的泼水节在傣历元月，约为清明节后 10 日左右。傣语中泼水节叫做“桑罕比迈”，即“六月新年”或“傣历新年”。泼水节一般持续 3～7 天。第一天傣语叫“麦日”，与农历的除夕相似；第二天傣语叫“恼日”（空日）；最后一天是新年，叫“叭网玛”，意为岁首，人们把这一天视为最美好、最吉祥的日子。

泼水节曾是印度婆罗门教的一种宗教仪式，其后为佛教所吸收，经缅甸传入云南傣族地区，时间约在 13 世纪末至 14 世纪初，距今约有 700 年历史。随着南传上座部佛教在傣族地区影响的增强，泼水节的习俗也在傣族地区传播得日益广泛。目前，东南亚地区信仰南传上座部佛教的地区都过泼水节。泼水节正值农业春播时期，也是用水的

高峰时期，人们在这个时候祈求神灵保佑，以求风调雨顺。因此，从更现实的层面来说，泼水节与农业节令密切结合，从而成为这一节日长盛不衰的内在原因。

泼水节的来历有一个美丽的传说。很早以前，有一个凶恶的魔王，他自恃法力过人，傲慢自大、横行霸道、为非作歹、无恶不作。他抢了12个美丽的女子做自己的妻子，其中第12个妻子叫做嫡粽布，不仅美丽，而且非常聪明。她心里恨透了魔王，可表面却不露声色，装作与魔王十分要好，一直等待机会铲除魔王。

有一年，正是人间过年的那一天，魔王在宫中饮酒作乐。酒过三巡，已经醉醺醺的了。嫡粽布乘机夸赞魔王道："尊贵的大王，您法力无边，德行高尚，凭着您的威望，完全可以征服天堂、地狱、人间三界，您应该做三界的主人啊！"她希望这些言语能够让魔王放松警惕，从而泄露一些秘密。果然，魔王听了这番奉承的话，洋洋得意，高兴地哈哈大笑起来。听着嫡粽布持续不断的夸赞，魔王转而对她说："我的魔力确实强大到能征服三界，但是我也不是那么厉害的，我也有弱点。"她故作惊奇地大声问道："大王有如此大的魔力，怎么可能会有弱点？您一定是在说笑！"魔王向四周张望，放低声音说道："其实我的弱点就是我的头发。我的头发可以勒死我。如果有人拔了我的头发、勒住我的脖子，我就会死掉。所以我最怕的就是自己的头发，不过好在没有人知道我这个秘密。"她假装惊讶地追问："大王，我不相信，小小的头发就能把您勒死，你肯定是在骗我！"魔王立刻说道："头发这个东西虽然微不足道，可是我的头发就是致命的弱点，它们可有把我致死的魔力啊。"

确信魔王的这个说法属实之后，嫡粽布就计划好了对付魔王的妙计。于是，她继续劝酒，直到魔王醉倒在床上，人事不省。这时，她小心翼翼地走到魔王跟前，迅速地拔下魔王的一根头发，然后紧紧地勒住他的脖子。魔王的头果然立刻掉在地上，头上涌出血，一滴滴地滴在地上，魔王立刻毙命。可是，魔王的血瞬间就变成了团团烈火，迅速蔓延，火势一发不可收拾。婻粽布赶紧将魔王的头抱起，火势慢慢降了下来，可是一旦放下，又燃烧起来。正在婻粽布不知所措之际，闻讯赶来的其他11个妻子纷纷帮忙，大家轮流抱着魔王的头，一人抱一天。这样火就再也没有烧起来，百姓从此过上了安居乐业的幸福生活，不再遭受来自魔王的折磨。天上一天，等于地上一年，每年姑娘们轮换魔王头颅的日子，傣族人民怀着对姑娘们敬佩的心情，给她们泼一次清水，作为洗污净身的一种祝福，泼水节就这样流传下来了。

泼水节有辞旧迎新之意。节日清晨，人们便沐浴更衣，穿着节日盛装，采来鲜花绿叶，到佛寺供奉。在寺院中，人们堆沙造塔，而后围塔而坐，聆听佛爷念经，用挑来的清水为佛像“洗尘”。一般由老年妇女堆沙塔，她们用土坯砌成塔基，在塔基正中塑一座主塔，主塔周围堆若干小塔。然后用竹篱笆将塔群围住，在主塔塔尖和篱笆柱上悬挂五彩纸旗，象征丰产丰收、日子甜蜜、兴旺发达。

浴佛完毕，人们开始互相泼水，认为这样可以保佑不生疾病，四季平安。当泼水刚开始时，彬彬有礼的傣家人一边说着祝福的话语，一边用竹叶、树枝蘸着盆里的水向对方洒过去。“水花放，傣家狂”，到了高潮，人们用铜钵、脸盆，甚至水桶盛水，在大街小巷，嬉戏追逐，你泼我，我泼你，一朵朵水花在空中盛开。到处是水的洗礼、水的祝福、水的欢歌。朵朵水花串串笑，泼水节成了欢乐的海洋。处在节日之中人们只觉得迎面的水、背后的水尽情地泼来，一个个从头到脚全身湿透。但人们却越来越兴高采烈，到处充满欢声笑语。

热闹非凡的水的洗礼过后，人们便围成圆圈，在芒锣和象脚鼓的伴奏下，不分民族、不分年龄、不分职业，集体跳起“依拉贺”舞。随着欢快的舞蹈，人们还会唱起动听的拜年歌：“攀枝花，红艳艳，桑

傣族泼水节　（陆欣摄）

开傣，已来到。帕萨傣，尽开颜，糯米酒，蜜样甜，共举杯，贺新年，依拉贺，依拉贺，水水水！”随着“水！水！水！”（意为“好！好！好！”）的呼喊声，锣鼓之声响彻云霄，祝福的水花到处飞溅，场面十分壮观。在尽情的歌舞之中，有的边唱边跳，有的甚至边跳边喝酒，如痴如醉、狂放不拘，甚至跳上几天几夜也不知疲惫。

下午通常会举行“丢包”的活动，傣语称为“端麻管”。丢包最富浪漫色彩，往往是傣族未婚青年的专场游戏。青年男女到林间空地，通过丢包、接包，互相结识。花包是爱情的信物，傣族姑娘用漂亮的花布，内装棉花籽、粗糠等，四角和中心缀以五条花穗做成，上面还会缝一个布带作为丢包绳。丢包时，在绿草如茵的草坪上男女各站一排，小伙子们由“乃冒”（男青年头目）率领，姑娘们由“乃少”（女青年头目）率领。首先由姑娘将包掷给小伙子，小伙子再掷给姑娘，并借此传递感情。如此，花包飞来飞去，最后感情交流到一定程度，等姑娘故意让小伙子接不着，小伙子便将准备好的礼物送给姑娘，双双离开众人到僻静处谈情说爱去了。

入夜，人们仍纵情歌舞，笑声不绝。夜里还会举行放孔明灯和放高升的活动，也成为泼水节的亮点。人们在广场空地上把孔明灯放飞上天，以此来纪念古代的圣贤孔明。孔明灯是将自制的大张韧性极强的纸，糊成一个大圆球，在下端留一个窟窿，燃起柴火后就会徐徐腾空而起。漫天升起的一盏盏孔明灯，犹如一颗颗闪闪的星星一样在空中升腾。

高升是一种用火药、竹筒、竹竿等制成的土火箭，傣语叫“莽费”。它用一根数丈长的竹子，在根部填以火药等配料，置于竹芊搭成的高架上。大的重数十斤、长 7～8 米；小的重几两，长 1 米多。放高升时，点燃引线，火药燃烧，竹子就如火箭一般射入云天，最高可达五六百米，在空中喷放出绚丽的烟火，犹如花团锦簇，群星闪耀，光彩夺目，把节日的夜空装点得特别美丽。高升上装有竹笛，飞升时能发出鸣响。人们希望高升把人间的灾难、疾病送走，放高升也就寓意步步高升、风调雨顺。高升放得最高的人会得到大家的赞赏，并获得奖励。高升飞得越高越远的寨子，人们越觉得光彩、吉祥。《赞高升》里就唱道：“长高升，长又长，抬上架，点着火，吐白气，簌簌响，冲上天，突破云，划破雾，漫游在青天……嗡嗡落下来，插在田坝上，万人齐欢呼，水！水！水！”

在节日里还会举行划龙舟、放河船、斗鸡等各种活动。划龙舟比赛一般在澜沧江上举行。一组组披红挂绿的龙舟在“噔噔噔”的锣声中和“嗨嗨嗨”的呼喊和哨子声中，劈波斩浪，奋勇向前。岸边数以百计的竹笛一起吹起，象脚鼓擂得震天响，为竞渡的龙舟加油助威。这些热闹的活动为节日增添了更多欢乐的气氛。

近些年来，泼水节期间还增加了民俗考察、经贸洽谈等活动，促进了世界各地通过传统节日对傣族的了解，也为傣族地区与相邻的泰

国等国家的商贸往来搭建了很好的平台。如今的泼水节已成为全面展现傣族水文化、音乐与舞蹈文化、饮食文化、服饰文化和民间崇尚等传统文化的综合舞台，是研究傣族历史的重要窗口，具有较高的学术价值。2006 年，泼水节被列入第一批国家级非物质文化遗产名录。

除泼水节之外，傣族地区还有栽秧节、新米节等与农业生产很密切的节日。由于傣族分布地区较广，各种节庆活动都具有鲜明的地方特色。新平、元江、景谷、金平、耿马以及德宏等地的傣族，多和汉族杂居，受汉文化影响较深，也过春节、端午、中秋等传统的中华民族节日。

三、水文化中的数学智慧

傣族有自己的历法，傣语叫做“祖腊萨哈”或“萨哈拉乍”，意为“小历”，起源可上溯至周秦之时，现行傣历则始于明代以前。傣历历元开始的时间是 638 年 3 月 22 日，和公历纪元相差 638 年。这种历法现仍通用于泰国、缅甸等地。德宏、耿马、新平、元江等地受汉族文化的影响，主要使用汉族的农历。傣历每年 12 个月，共 365 天或 366 天。根据当地气候特点，一年分为三季，一至四月为冷季，五至八月为热季，九至十二月为雨季。实际上一年明显地只分旱季和雨季。

傣历年的由来有一个传说。相传古时候的太阳、月亮、气候都由一个叫做捧麻点打拉扎的天神掌管。但他无视天规，随意改变气候，导致人间田地无收，灾难不断。看到这一幕，天神英叭神决定用计谋铲除这个法力无边的捧麻点打拉扎。由于捧麻点打拉扎不仅作恶多端，对自己的家人也很残忍，不让已到婚嫁年龄的女儿们出嫁，他的七个女儿也对他怀恨在心。英叭神化作一个英俊的小伙子潜入他家，很快七个女儿都爱上了他。这时小伙子对她们说：“你们的父亲是个凶残的天神，如果他不死，我们无法结为夫妻。”并将她们父亲的罪行一一列举。七个姑娘听后决定和小伙子共同铲除捧麻点打拉扎。终于，在他们的共同努力下，捧麻点打拉扎死了。从此，日月的掌管由树鲁巴的麻哈捧负责。他合理地划分了月历、日历，从此人间风调雨顺、五谷丰登，傣历年自此开启。

傣历是一种阴阳合历，年是阳历年，即绕太阳公转一周的时间；月是阴历月，即以月亮的一个圆缺为周期。傣历以六月为岁首，至第二年六月为一周年，由于闰年和闰月，年节在六月的哪一天不固定，有时也可能延至七月。傣历年节要过三天或四天，第一天为除夕，是即将过去的一年的最后一天，第三天或第四天为新的一年开始的第一天，中间的一天或两天既不属旧的一年，也不属新的一年。傣历有闰年，也有闰月，平年 12 个月，单数月为大月，每月 30 天；双数月为小月，每月 29 天，一年共 354 天。每隔 3～6 年闰年一次，固定在八月，这年八月为 30 天。闰月是两年或三年一闰，十九年七闰，固定闰九月，是 30 天，这一年又称双九月。

傣族童谣将傣历 12 个月的季节变化串了起来：“一月鱼儿急，二月鱼儿干，三月橄榄熟，四月姑娘们在织布，五月野花开崖头，六月流水响，七月小鸭顺水漂，八月秧子黄，九月秧苗旺，十月谷抽穗，十一月小雀嗑谷子，十二月小雀看着满坎的谷子醉。”童谣形象地描绘了傣历每月与农业生产和大自然的关系。

因阴历月的计数方法，傣历每月的日序和汉族农历的日序基本一致。傣历把每月上半月的每天依次叫做月上一日、月上二日……下半月的每天依次叫做月下一日、月下二日……十五月圆之日称为登柄，月末一日称为登达。傣族一个月有四周，每周有七天或八天的计日法。傣历和农历一样，用干支计算年日。不过傣族十二地支所代表的对象和汉族不完全相同，如“子”不代表鼠而代表大象，“辰”不代表龙，

而代表蛟或大蛇。

在傣族的数学计算中只有整数，没有分数、小数，也不用小数点，而且只有四则运算。但这样的计算方法却能够计算非常复杂的天文数据，十分准确地把各种算式的剩余整数转用到另一种算式中，使任何微小的差数都不致遗漏，计算方法的繁杂和准确性十分惊人。

第三节　雀之灵、雀之韵

孔雀是傣族人心目中美丽、善良、吉祥和幸福的象征，因此傣族很多传说都与孔雀有关。尤其是美丽的傣族妇女，就犹如那金孔雀一般，梳着孔雀髻、穿着孔雀裙、跳着孔雀舞，爱美之心淋漓尽致地表现在形体、装饰和舞蹈之中，体现了傣家人的灵韵之美。

一、孔雀之舞

富饶美丽的傣乡素有“孔雀之乡”的美称。因此，孔雀舞就成了傣族人民最喜爱的民间舞蹈。孔雀舞，傣语叫“戛洛涌”、“烦洛涌”或“戛楠洛”。孔雀舞最早是一种化装舞蹈，一般由男性来舞，演员头戴菩萨金冠，脸覆金刚面具，腰间绑着用彩纸或花布扎成的孔雀，两手用线牵住孔雀的翅膀和尾巴，随着锣鼓的节奏演绎出各种优美的动作。后来，柔美的女性舞者开始跳起了孔雀舞，不再使用道具，改以象脚鼓、芒锣等伴奏。孔雀舞经过逐渐的发展，具有了较固定的表演程式，多为模仿孔雀飞出窝巢、灵敏视探、安然漫步、寻水、饮水、戏水、洗澡、抖翅、晒翅、展翅以及与万物比美、自由幸福的飞翔等。跳孔雀舞在西双版纳傣族地区非常普及，几乎每个村寨都有跳得出色的人。

孔雀舞是傣族人最为喜闻乐见的舞蹈。每逢佳节，人们都要云集

男子跳孔雀舞 （博林提供）

一堂，观看由民间艺人表演的根据民间故事、神话传说，以及佛经故事等编成的孔雀舞及表现孔雀习性的舞蹈。如根据神话故事《魔鬼与孔雀》而编演的孔雀舞至今在民间广为流传。舞蹈表现了魔鬼欲霸占孔雀为妻，人面鸟身的孔雀，奋力抖动自己美丽的羽毛，那绚丽、灿烂的光芒使魔鬼双目失明，孔雀最终取得了胜利。

孔雀舞的由来是一个美丽的传说。很久以前，傣族的领袖召麻粟带着4000人跋山涉水去寻找气候宜人、幸福安乐的地方。他们寻找了很久很久，终于来到了一个叫“来少勐”的地方。这里风景优美、水源充沛、气候舒适，像极了大自然眷顾的天堂。各类植物、动物在这里和谐地生活着，他们不时地听到水果掉进水中的声音、小鱼游动的声音，还看到美丽的孔雀随着这些动听的大自然之音跳起优美的舞蹈。随后，看到这些美景的人们为了将这种美定格起来，并传播出去，就模仿这些声音和孔雀的动作，以鼓、镲伴奏，编出了优美的孔雀舞。

少女跳孔雀舞　（博林摄）

传说固然虚幻，但孔雀舞的历史确是源远流长。在一些古老的缅寺壁画和雕刻中，可以看到很多栩栩如生的人面鸟身的孔雀形象，这与传统的孔雀舞者的装扮非常相似。明代《南诏野史》中也有关于孔雀舞的记载：“婚娶长幼跳蹈，吹芦笙为孔雀舞……”

象脚鼓舞，傣语叫“戛光”或“烦光”，是一种男子自娱性舞蹈，因舞者身挎象脚鼓而得名。每当栽秧后和丰收时节，傣家人就跳起象脚鼓舞以示欢庆。象脚鼓用芒果树或木棉树干挖空，蒙上牛皮制成，形如象脚。鼓有长短之分，长象脚鼓长约 1.7 米，击鼓方法多变，鼓点节奏丰富，舞步缓慢，显得端庄潇洒；中象脚鼓长约 1 米，舞出来稳重扎实，刚健有力，动作幅度较大，有甩鼓、转鼓、掖腿等技巧动作；短象脚鼓长约 0.7 米，舞蹈以灵活腾跃著称，有斗鼓、赛鼓等竞技内容。象脚鼓舞也是傣族的代表性舞蹈，凡盛大节日，舞蹈行列皆以象脚鼓领舞。象脚鼓不仅是一种民间舞蹈的道具，也是伴奏其他舞蹈的主要乐器。傣族人民娱乐时，有舞必有鼓，有鼓必有舞，只有在象脚鼓的伴奏下，舞蹈才能跳得有声有色、酣畅尽兴。

象脚鼓舞 （博林提供）

在《明史·百夷传》中也有“大小长皮鼓以手拊之”的记载。关于象脚鼓和象脚鼓舞的民间传说有很多，其中一个是这样讲述的。古时有一对夫妻，有一天，在辛苦的劳动之后，他们在河边休息。突然一阵狂风刮起，将他们身旁的芒果从树上吹落到水中。一个个芒果落入水中，发出“嘣—嘣—嘣”的声音。这种声音听起来非常有韵律，给人带来愉悦的享受。夫妻二人边听边记，回到家后，他们用树木做成喜欢的大象脚的形状，外面包裹牛皮，做成了精美而动听的象脚鼓。鼓声与他们听到的芒果落水的声音极为相似，于是他们将这一乐器分享给乡亲，大家边敲鼓边跳舞，很快，象脚鼓舞就传开了。

除了孔雀舞和象脚鼓舞之外，傣族的各类舞蹈非常之多，例如，

双面鼓舞、鱼舞、大鹏鸟舞、鹭鸶舞、花环舞、蝴蝶舞、斗笠舞、腊条舞、鸡舞、十二马舞、戛喃燕、划船舞、摘花舞、走路舞、大象舞，等等。

傣族的民族乐器很多，吹奏乐器有筚、葫芦箫、竖笛、木叶等；弹拨乐器有玎琴、口弦等；弓弦乐器有西玎、牛角玎等；打击乐器有象脚鼓、光隆、光边、光邦、镲等。

葫芦丝是傣族乐器中著名的一种，可以追溯到先秦时代。葫芦丝是由葫芦笙演进改造而成的，在构造上仍保持着古代乐器的遗制。民间流传着许多有关葫芦丝的动人传说。相传有一次勐养江畔爆发了山洪，一位勇敢的傣家小卜冒抱起一个大葫芦，闯过惊涛骇浪，救出了自己的心上人。佛祖被他忠贞不渝的爱情所打动，把竹管插入金葫芦，送给勇敢的小卜冒。小卜冒手捧起金葫芦，立刻吹出了美妙的乐曲。顿时，风平浪静，鲜花盛开，孔雀开屏，这对情侣从此开始了吉祥幸福的生活。葫芦丝就这样在傣族地区世代相传。

二、丰富的叙事诗

傣族文学的发展大致可以分为四个阶段：一是古歌、神话、创世史诗产生和发达的时期；二是英雄史诗、传说、歌谣形成和昌盛的时期；三是故事、叙事长诗兴起和繁荣的时期；四是新文学蓬勃的时期。

傣族诗歌，包括歌谣和叙事长诗两大类。古歌谣是傣族文学的萌芽，至今还以口头和手抄本形式流传于民间。著名的《傣族古歌谣》共收 30 首傣族古歌，反映了原始时期傣族先民的生产活动、生活状况以及思想感情，例如，《蜈蚣歌》描述人类通过实践逐渐认识了客观世界，《打水歌》描述人类如何逐步改变自己的居住条件，《摘果歌》和《拾菌歌》等描述的则是人类的劳动生活。傣族神话的种类很多，天地起源神话有《英叭开天辟地》《古老的荷花》《费梅嘎帕》《大火烧天》

等；人类起源神话有《葫芦人》《葫芦生蛋》《人类果》《污垢泥人》等；洪水神话有《葫芦传人种》等；图腾神话有《鸟姑娘》《象的女儿》《神牛之女》等。史诗有《巴塔麻嘎捧尚罗》《变扎贡帕》(《古老的荷花》)、《天地万物的来历》等。

傣族人十分喜爱诗歌，尤其是叙事长诗。傣族叙事长诗大多是数千行、数万行的鸿篇巨著，是我国少数民族文学宝藏中一座绚丽多彩的宝库。佛教的传入和傣文的创制，都为叙事诗的繁荣奠定了基础。傣族民间艺人接受、翻译和传播外来的佛经文学，同时还把傣族民间故事吸纳进来，创作了大量的民间叙事长诗。叙事诗基本上可分三类：神话叙事诗，阿銮的颂歌和爱情悲剧叙事诗。叙事诗《召树屯与楠玛诺娜》《娥并与桑洛》等作品是中华民族的宝贵文化遗产。

《娥并与桑洛》是一部反封建的爱情悲剧，1962 年参加西南地区少数民族戏剧观摩演出引起轰动，被誉为“东南亚的明珠”。长诗之中表现了现实的生活，也具有丰富的思想，还充满着浪漫情调，非常引人入胜。《娥并与桑洛》中的人物形象突出而鲜明，大量地采用了比喻、夸张、对比、陪衬等手法，特别是对人物的描写巧妙地运用了侧面的对比和烘托。故事情节与我们熟知的汉族的《梁山伯与祝英台》相似，主要讲述一个沙铁家（富人）的儿子桑洛，反对母亲的包办婚姻，与美丽的娥并真心相爱。桑洛要求母亲答应娶娥并为妻，但屡次遭到母亲的拒绝。后来娥并怀孕了，桑洛的母亲百般虐待娥并将她赶出门外。桑洛和娥并这一对有情人终于在封建势力的逼迫下双双含恨而死。两人最终化作两棵青竹，常年在傣家村寨生长。长诗以朴素的形式、浪漫的情调，通过一对傣族青年男女的爱情悲剧表现反封建的主题，热情歌颂娥并与桑洛为争取爱情自由而勇于反抗的精神。

《娥并与桑洛》第十二章

桑洛还在撒网，
这天真不顺利，
没有网到一条鱼，
中午才回到家里。

走到门前楼梯下，
看见一缕缕的血迹，
桑洛问母亲：
“地上怎么会有血?
是哪家孩子割破了手指?”

“儿呀!
今天我煮红皮树，
想给你的娥并染布，
染水倒在地上，
到处都染红了。

“你妈妈煮了紫胶，
装在罐子里，
被娃娃们打泼在楼梯上，
看起来好像人的血迹。”

母亲的话是在骗他，
桑洛心里一片惊疑，
他赶忙去问邻居，

邻近的人讲了实话：

“桑洛呀！
今天真是好日子，
喜事来到你家。
大象自己走到你家，
你家没有把它拴起来，
它又回到森林去了。

“一只羽毛闪亮的金孔雀，
已经飞上了你家的凉台。
可惜啊！
被你妈用箭射伤了，
金孔雀流着血飞走了……

桑洛的心像着了火，
他跳上马就往寨外跑，
鞭子不停地把马抽打，
心里像有一盆火正在烧烤。

只见路上的血迹，
不见娥并的影子，
沙地上有一群小孩，
桑洛向他们打听：

“孩子们呀！

在热辣辣的太阳下，
这里有没有人走过？
是男是女快告诉我。”

“骑马的哥哥呀！
我们什么也没有看见，
只有三个姑娘，
扶着一个姑娘走过。

“四个姑娘都漂亮，
他们来时头上戴着鲜花，
他们去时哭声响遍树林。
最漂亮的姑娘周身流血，
像只受伤的金孔雀。”

“她们过去多久了？
能不能追上？”
“只要你的马跑得快，
不久就能赶上。”

他们走过的河，
河水还是浑的，
河水还没有变清，
岸上还有她们的脚印。

桑洛催打着马，

又跑了一段路。
前面有个老大爹，
肩上扛着锄头。

“老伯呀，
你种田的时候，
看见有什么人走过？
请快告诉我。”

“不见，不见！
只有一朵鲜荷花，
去景多昂时开得正茂，
回来却被太阳晒焦，
花和叶子都变黄了。”

桑洛听了这些话，
心里更加难过。
抽打着马，
使完了所有的力气，
来到树林里。

一只小鸟在树上不停地叫：
“桑洛父亲，
桑洛父亲，
你来迟了！
你来迟了！”

小鸟是桑洛的血肉，
小鸟的叫声使桑洛伤心。
他在树下呆呆望着，
眼泪像夏天的雨水。

这是娥并生孩子的地方，
地上的树叶还是绿油油的；
小鸟在树上啼叫，
只是不见娥并。

“亲爱的姑娘！
等我一下吧，
再大的痛苦，
你也不要死去。

“你要等着你的桑洛，
我在马上像火烧，
痛苦无论多大，
你也要活着。”

桑洛抽打着马，
眼泪不停地流，
来到猛根，
泪水已浸湿了鞍头。

跑进寨子什么也看不见，

只见娥并家门口挤满了人。
姑娘们正在舂米，
姑娘们正在劈柴。

桑洛下马就问：
“姑娘们为什么舂米？
姑娘们为什么劈柴？”

“我们舂米不是为了别的，
是为了桑洛的娥并；
我们劈柴不是拿去卖，
是为了你的娥并。
她前脚踏进门，
就倒下地死去了。”

桑洛听见这些话，
天地都黑暗了。
他冲进娥并的屋子，
冲开挡路的人，
就像钻进蜂房，
人们的哭声比打雷还响。

娥并的母亲坐在屋角流泪，
娥并静静地睡着，
还像活时一样美丽。
桑洛一下扑上去，

他抱起娥并，
痛苦地呼唤：

“醒醒吧！醒醒吧！
快伸开你的双手，
抱住你的桑洛；
快接住我的手帕，
擦去脸上的泪珠。

“我的好娥并！
你为什么紧紧闭着眼睛，
桑洛在和你说话，
你为什么不回答？

“你像天上栽的荷花，
芳香的荷花怎能凋谢？
你的哥哥啊！
没有修一个竹篷，
挡住夏天的雷雨。

“黑黑的头发，
黑黑的眉毛，
像棉花一样柔和的娥并呀！
即使你不能原谅我，
也要等一等我。

"像山一样的爱情，
被狂风吹倒；
留下桑洛一个人，
活着也不再有生命！

"如果你不能等待，
那就让我们的爱情，
像大青树的根子，
在深深的泥土里生存。"

娥并的眼睛，
微微张了三下，
看到了自己心爱的桑洛，
微笑着死在桑洛的手上。

桑洛痛苦地呼唤，
双手紧紧把娥并拥抱：
"心爱的娥并啊，
你等等我吧！"
桑洛抽出了长刀！

大家慌忙拉他的手，
他抓出衣袋里的银子，
撒了满屋满地。
人们拥着去捡，
桑洛举起刀……
倒在娥并身边。

“赞哈”在傣语中就是民间歌手的意思。赞哈演唱是傣族民间喜闻乐见的传统文艺形式，形式灵活简便，一人一笛，随时随地可以演唱，极具艺术感染力，被誉为傣族人民生活中的盐巴。对唱形式的赞哈最为有趣，演唱形式为一个赞哈提问，另一个回答，如果答不上来就算输了。即兴的对唱充分展现了民间艺人的超高智慧，也为听众带来无尽欢乐，深受傣族人民的爱戴和欢迎。赞哈对傣族民间文学的继承和发展起着极为重要的作用，很多著名的历史传说都是通过赞哈演唱的形式得以代代相传。传统曲目多为民间故事和神话传说，也有艺人即兴编唱的猎歌、酒歌，如《四棵缅桂花》《贺新房》《哈路教》等。

赞哈的传说有很多，其中一个是这样讲的：古时候，傣族祖先桑木底盖傣族第一座竹楼，到最后只缺两根柱子，他就把一个土围子里的两棵树砍了。这一行为激怒了土围子里的两条毒蛇——吾沙拉两夫妇。桑木底盖好房子后，它俩就爬进去各缠住一根柱子不放。新房落成，大家来庆贺，遇到这种情况很扫兴。桑木底请头人、巫师来念咒语，想把它们赶走，毒蛇不理不睬。最后，桑木底请歌手赞哈来演唱，当演唱到精彩处和高潮时，人群不断爆发出“水——水——水”的欢呼声，毒蛇吓得心惊胆战，急忙逃走了。从此，新房落成等各种场合人们都要请赞哈来唱歌了。①

三、傣族工艺

制陶是傣族古老的传统，《摆夷传》中说：“民间器皿、甑、盆三类，惟陶冶置器是用。”陶器在傣语中叫做“板磨”，俗称“土锅”。傣族土陶广泛应用于日常生产、生活和佛事活动中。制陶在分工传统上由女性担任并世代传承。为了技艺不外传，有的地方还沿袭制陶工艺

① 岩诺．漫谈“赞哈”．傣族文学讨论会论文集．中国民间文艺出版社（云南），1982：447～452.

不传儿女，只传儿媳的传统。制陶工具一般有大小花纹不同的木陶拍、卵石、竹片、木板、木锤、小簸箕等，原料是各地盛产的黏土。陶泥要经过发酵“陈腐”，在增强黏性和可塑性后才能用来制陶。传统制陶方法制作而成的各类食物器皿具有很多功效和益处。例如，用于盛水，则清凉爽口；用于烹饪食物，则易熟而味美；用于煎药，则能最大限度地保持药性。因而，各类陶器应用十分广泛，并深得傣族人民的喜爱。傣族制陶技艺中最为有特色的是慢轮手工制作技艺，器物表面均用有纹的木拍拍打出印纹，与南方地区新石器遗址出土的印纹陶器一致。西双版纳流传广泛的民间传说中讲道：在景洪县曼勒寨有一对傣族夫妇，在澜沧江畔靠摆渡、划船为生。夫妻俩每天都用竹筒做饭、烧水，久而久之，他们觉得这种方法只能一次性使用竹筒，需要经常上山砍伐竹子，很不方便。于是妻子想办法用土做了一个土锅来试着烧水，可是土锅在火上烧了一会儿，便炸裂漏水了。不过，有几块碎片摔在火堆里，被烧成了坚硬的陶片，经过火烧过的陶片，不易破碎。就这样，夫妇俩经过多次反复实践，慢慢了解了土坯锅用火烧制的技艺，后来逐渐传播到各家各户。

傣锦即傣族的织锦，是流传在傣族群众中的一种民间工艺品。传统生活之中，傣家妇女从田中收工之后，常常聚在竹楼里织傣锦。她们将花纹组织用一根根细绳系在“纹板”上，以细纱为经，以红线为纬，用手提脚蹬的动作使经线形成上下两层后开始投纬，经常是单色面，再用纬线起花，如此周而复始的循环，正所谓“色纬起花”，便可组成十分优美的傣锦。设计一幅傣锦图案，非常费时费力，有时要几百根、几千根细绳在“纹板”上表示出来，若结错一根，就会使整幅傣锦图案错乱不堪，就得全部重新来过。① 传统的傣锦按构成形式和材料主要有两种，即西双版纳傣锦和德宏傣锦。西双版纳傣锦以白色为

① 娴子．西双版纳手工技艺的精致美．今日民族，2013，(1)：30～31.

底，用红色和黑色纬线织成花纹，线条宽窄有致，带有节奏性动感，具有粗犷的质朴感和浓厚的装饰性；而德宏傣锦则色调较为浓重，常用黑、红、绿、黄、蓝等浓艳色彩的丝线和棉线掺用金丝锦线织制，图案以菱形、方形、六角形及回形纹等几何形为主，结构严谨，纹饰古雅。据有关史学家考证，傣锦在汉代史籍中就有记载，到唐宋时期已基本形成一定规模。南诏时期，地方官员把傣锦作为上贡朝廷的礼品，被王公贵族视为珍品。随着时代的发展，年轻的傣族妇女们已不满足于传统图案，开始按照自己的心意和喜好以及当时的时尚和流行趋势编织更多的图案。

傣族妇女在织锦　（尹杰提供）

筒帕，即挎包，通常称为民族包。传统的傣族筒帕用精心编织的傣锦制作，色彩鲜艳，图案精美，至今已有一千多年的历史。现在，筒帕已由最初的麻、棉纺织发展到丝、毛和棉混纺。包长 30 余厘米，宽 20 余厘米。正面、侧面、后面或织花卉鸟兽，或织几何图形，包底部缀有彩穗，色泽鲜艳美观，做工精细，形状小巧，民族特点鲜明。图案有珍禽异兽、树木花卉或几何图形，形象逼真，栩栩如生。筒帕上的图案或颜色都有着寓意，寄托了傣族人对美好生活、对美丽的追

背着筒帕的傣族妇女　（梁旭摄）

求。孔雀图案表达吉祥如意；大象图案意味着五谷丰登、生活美好；红色和绿色则是代表纪念祖先之意。这些图案充分表现了傣族人民对美好生活的向往和追求。傣族人上山下地都要随身挎着筒帕，用以盛烟草、茶叶、午饭等日常用品。

傣族剪纸最早见于祭祀所用的纸马，后来在佛教文化和汉文化的影响下逐步发展，并被广泛应用于喜庆、宗教、丧葬及居家装饰等方面。傣族剪纸使用特制的剪刀、刻刀、凿子和锤子，或剪或凿，技艺很高。傣族剪纸最大的特色在于材质不仅有纸，还有布、金属片等。常见图案有表现吉祥的龙、凤、孔雀、大象等各种奇兽异鸟，也有形态各异的荷花、玫瑰花、菊花、茶花、杜鹃等植物花卉，还有亭台楼阁、佛塔、寺庙、房屋建筑以及反映耕田、放牧、婚礼等民俗的画面。傣族剪纸在赕佛活动中有着重要而特殊的地位，反映出傣族的历史、文化和审美追求。“喳”和“董”是傣族最传统、最普遍、最有特色的剪纸形式，特点是小巧而精细，具有浓郁的地域性和民族性。

由于地处热带雨林，木制品也是傣族地区的特产工艺品。传统木雕多为木刻佛像、神牛、金象，主要用于拜佛。随着时代的发展，木雕产品的形式越来越多样化，木象、木狮、木牛、木马、人像、变形人、木手镯、木项圈等形式多样的产品得以不断的开发。木板画以木

质细腻、色泽鲜明的木材和优质的层板为原料，采用绘样、锯裁、拼贴等方法，将反映民族服饰、生活习俗、民居建筑、自然风光的雕刻艺术品，拼贴在板框之内，精心打磨、修饰而成。此种木板画融合了雕刻艺术和浮雕艺术特点，特色鲜明，画面色泽自然、古朴、素雅。大型木板画多用于装饰馆堂、居室。

傣族的银饰加工由来已久，可上溯至两千年前的东汉时代。傣族女子除了喜欢在乌黑亮丽的长发上插一把色彩鲜艳的梳子之外，几乎没有不佩戴金银饰物的。传统银饰品主要有钗、耳环、项圈、手镯、臂环、胸饰、脚镯、戒指、腰带等。随着时代的变迁，银饰的花样也逐渐多了起来，出现了很多筷子、碗、槟榔盒、腰带、纽扣、刀鞘、刀柄，还有整套的杯壶等银制品。它们精巧而充满风情，扣人心扉。银器也用于宗教事务，如佛寺中的银树、银花、银塔、银台等。

第四章

人口、教育与变迁

傣族人口不足我国总人口的千分之一。他们世世代代在西南地区繁衍生息，民族传统文化代代传承，在家族、村寨和佛寺的口传亲授和谆谆教育之中得以保存。而现代教育赋予傣族新的活力，培养出很多杰出的人才，不仅发扬了传统文化，也让更多的世人对傣族有了更多的了解。

第一节　傣族人口的基本情况

傣族世居在我国西南地区，总人口约 126 万人，其中约 97%的傣族人口分布在云南省，以西双版纳和德宏为主要聚集区。当前，多数傣族人口仍主要居住在农村地区，从事农林牧渔业，基本保持了千百年来的生产与生活习惯。

一、人口规模与变动

根据 2010 年第六次全国人口普查，傣族人口共 1 261 311 人，占全国总人口的 0.094%，在我国少数民族人口中位居第 18 位。从历次普查数据来看，傣族人口呈现出逐渐增多的态势。但傣族社会的自觉

计划生育意识使得傣族人口总量一直表现平稳，1953～2010 年的人口平均年增长率约 2.28%。

云南省傣族人口约 122.2 万人，占全省总人口的 2.66%，与 2000 年第五次全国人口普查相比，傣族人口增加了约 8 万人，增长率约为 7%。“五普”中，傣族在云南省各少数民族人口中排名居第五位，“六普”中排名居第四位。

表 4—1　我国六次人口普查中傣族人口变化情况

年份	第一次普查（1953 年）	第二次普查（1964 年）	第三次普查（1982 年）	第四次普查（1990 年）	第五次普查（2000 年）	第六次普查（2010 年）
傣族人口（人）	478 966	535 389	839 496	1 025 128	1 158 989	1 261 311
平均年增长率（%）	—	1.02	5.78	2.53	1.23	0.85
占全国总人口比例（%）	0.08	0.07	0.08	0.09	0.09	0.09
占全国少数民族人口比例（%）	1.20	1.34	1.25	1.12	1.09	1.11

二、人口分布与结构

从 2010 年第六次全国人口普查中的傣族人口分布来看，傣族人口主要分布在云南省，共有 1 222 836 人，约占全国傣族人口数量的 97%。其他 30 个省、市、自治区的傣族人口共 38 475 人，约占全国傣族人口数量的 3%。在这 30 个省、市、自治区中，傣族人口 1000 人以上的依次有四川、广东、浙江、山东、福建、江苏、上海、贵州、北京等 9 个省市，这些地区傣族人口共 30 886 人；不足 100 人的有甘肃、黑龙江、宁夏、西藏、青海5个省区，其中青海省居住的傣族最少，仅31人。

在云南省，傣族主要聚居在西部和南部边疆的2个傣族自治州和7个傣族自治县，即西双版纳傣族自治州、德宏傣族景颇族自治州和思茅地区的孟连、景谷，临沧地区的耿马、双江，玉溪地区的新平、元江，红河地区的金平等地。此外，澜沧、元阳、华坪、大姚、禄劝、景东、腾冲、龙陵、沧源、江城、河口、西盟等30多个县也有傣族散居或杂居。根据2010年人口统计资料，西双版纳傣族自治州傣族人口为31.66万人，约占云南省傣族总人口的26%，约占全国傣族总人口的25%；德宏傣族景颇族自治州傣族人口为35.03万人，约占云南省傣族总人口的29%，约占全国傣族总人口的28%。

傣族男女比例基本持平，其中男性625 176人，占49.6%；女性636 135人，占50.4%。女性略多于男性，男女性别比为98.3。

从城乡分布结构来看，傣族多半人口仍居住在农村地区，城市人口不足10%。2010年，傣族城市人口116 239人，约占总人口的9%；县城人口291 357人，约占总人口的23%；农村人口853 715人，约占总人口的68%。在市县之中，女性人口略多于男性。在城市，傣族女性人口比男性多17%，在县一级，傣族女性人口比男性多6%。而在镇村，男性人口稍多于女性，约多1.7%。

傣族人口年龄分布相对均匀，青壮年劳动力较多。根据2010年人口统计资料，30岁以下人口约占总人口的47%，其中以20～29岁人口最多，约占总人口20%。30～50岁人口约占总人口34%，50～80岁人口约占总人口18%。80岁以上老龄人口较少，仅占总人口约1%，其中百岁以上老人53人。

傣族人口预期寿命在65～70岁。1990～2010年的20年间，傣族人口平均年死亡人数约7762人，其中男性死亡人口多于女性，男女死

亡人口的平均比例约为 1.3∶1。

表 4—2　傣族人口年龄分布状况（2010 年）

序号	年龄（岁）	男性（人）	女性（人）	合计（人）	比例（%）
1	0～4	46 161	44 533	90 694	7.19
2	5～9	39 971	38 273	78 244	6.20
3	10～14	43 009	41 067	84 076	6.67
4	15～19	49 717	49 960	99 677	7.90
5	20～24	64 053	65 652	129 705	10.28
6	25～29	57 093	56 926	114 019	9.04
7	30～34	51 396	51 428	102 824	8.15
8	35～39	55 336	54 408	109 744	8.70
9	40～44	56 859	57 628	114 487	9.08
10	45～49	49 938	50 942	100 880	8.00
11	50～54	35 288	35 959	71 247	5.65
12	55～59	24 351	25 291	49 642	3.94
13	60～64	18 039	19 540	37 579	2.98
14	65～69	12 776	14 661	27 437	2.18
15	70～74	9 764	12 398	22 162	1.76
16	75～79	6 550	9 044	15 594	1.24
17	80～84	3 369	5 261	8 630	0.68
18	85～89	1 121	2 234	3 355	0.27
19	90～94	302	706	1 008	0.08
20	95～99	73	181	254	0.02
21	100 及以上	10	43	53	0.00
合计		625 176	636 135	1 261 311	100.00

从 2010 年统计资料看，傣族劳动力人口从事最密集的行业仍为传统的农林牧渔业，约占总人口的 84%，其次分别为制造业、批发和零售业、住宿和餐饮业等。

表 4—3　傣族劳动力人口行业分布情况（2010 年）

行业	男性（人）	女性（人）	合计（人）	比例（%）
农林牧渔	33 318	30 802	64 120	83.72
制造业	1 830	1 334	3 164	4.13
批发和零售业	777	1 637	2 414	3.15
住宿和餐饮业	752	1 480	2 232	2.91
公共管理和社会组织	960	492	1 452	1.90
教育	490	650	1 140	1.49
交通运输、仓储和邮政业	788	119	907	1.18
建筑业	734	141	875	1.14
文化、体育和娱乐业	131	153	284	0.37
采矿	217	54	271	0.35
租赁和商务服务业	188	70	258	0.34
电力、燃气、水生产和供应业	149	82	231	0.30
金融业	101	117	218	0.28
信息传输、计算机服务和软件业	98	100	198	0.26
水利、环境和公共设施管理业	88	77	165	0.22
居民服务和其他服务业	330	362	692	0.90
卫生、社会保障和社会福利业	140	313	453	0.59
房地产业	50	50	100	0.13
科学研究、技术服务和地质勘查业	33	24	57	0.07
合　计	39 780	36 808	76 588	100.00

从职业分布来看，约 80%的人口为农林牧渔、水利业生产人员。其他相对人数较多的职业有商业、服务业人员，生产、运输设备操作人员及有关人员，专业技术人员和办事人员等。统计数据显示，劳动力没有工作的原因主要是料理家务、丧失工作能力和在校学习等原因，这三个原因所占的比例分别约为 33%、26%和 20%。

表 4—4　傣族劳动力人口职业分布情况（2010 年）

职业分类	男性（人）	女性（人）	合计（人）	比例（%）
农林牧渔、水利业生产人员	33 127	30 625	63 752	80.46
商业、服务业人员	2 175	3 978	6 153	7.77
生产、运输设备操作人员及有关人员	3 467	1 501	4 968	6.27
专业技术人员	1 123	1 384	2 507	3.16
办事人员和有关人员	1 035	472	1 507	1.90
国家机关、党群组织、企业、事业单位负责人	240	94	334	0.42
不便分类的其他从业人员	7	3	10	0.01
合　计	41 174	38 057	79 231	100.00

第二节　村寨之中的繁衍生息

生死是人类不可逃避的话题，尤其对于死亡，不同的文化有着不同的认识。通常，丧葬习俗体现了一个民族或文化对于死亡的态度与认知。傣族的丧葬礼仪同样反映了他们的宇宙观和世界观。而在生者的世界，为了生存、发展和繁衍，傣族在千年来的生产生活中，不断地适应着居住的这片土地和自然环境，形成了与自然和谐相处之内涵的医疗思想和方法，不仅成为我国民族医药体系的重要组成部分，也为西南边疆人民的身体健康做出了巨大贡献。

一、生死轮回

傣族受佛教轮回转世观念的影响，对待死亡的态度非常超脱。傣语中把出葬叫做“恒来恩来罕”，意为“爬金山银山”，似乎死后还会有荣华富贵。傣家人认为，人的灵魂是永恒的，生前在现实世界生活，死后又到“勐里半”（极乐世界）继续生活。阴阳两界只是隔着一道田埂、一条沟壑，只需跨一步就到了。

在傣族村寨附近都有公共墓地，这种墓地被称作龙山，傣语叫作“坝消”。“坝消”内的林木称为“龙林”，是不许砍伐的。久而久之，“龙林”苍劲挺拔，葱茏青翠，变成了村寨之中的风景林。傣族的传统丧葬通常分为土葬、火葬和水葬三种。埋葬死人的墓地也分为三种：一种是正常病死的人，一种是没有成人的孩子，一种是非正常死亡的人，如暴病、凶杀、溺亡等，不同的人埋在不同的区域。傣族一般实行土葬，有些傣族地区则对第三种非正常死亡的人实行火葬或水葬，认为这种非正常死亡是邪气导致的，一般不会举行仪式，通过火葬或水葬让邪气随尸体焚灭或冲走。

过去，傣族实行严格等级制，不同等级的人对于“死”的叫法不同、墓地不同、葬法也不同。佛爷死了叫“涅槃”，召勐（土司）死了叫“暖且”，头人死了叫“信佐”，佛僧死了叫“桑奔”，一般百姓死了叫“歹”、“桑佐”或“信西”。土司、头人和佛爷等有地位的人死了，实行火葬，祝福早日升天。一般的百姓死了，则实行土葬。

德高望重的老人死去，往往要请“摩”（先生）撰写祭文，叙述死者生平、为人和功绩，为死者的灵魂祈祷。祭文用叙事诗的形式撰写，富于节奏和韵律，充满凄凉和酸楚。德高望重的佛爷死后，则要进行声势浩大、气氛热闹非凡而庄严肃穆的拖乐大摆。经过特别装饰的棺材，前后用几条粗大长绳，外寨群众前边拖，表示让佛爷顺利升入天堂，而本寨的群众则从后边拉，表示对佛爷的挽留。火葬之后将骨灰装入罐中，葬于寺庙或佛塔背后墓地。①

傣族的丧葬礼仪在《百夷传》中有所记载：“父母亡，不用僧道，祭则妇人祝于尸前，亲戚邻人，各持酒物于丧家，聚少年数百人，饮酒作乐，歌舞达旦，谓之娱尸，妇人群聚，击碓杵为戏，数日后而葬。葬则亲者一人持火及刀前导，送之葬所，以板数片，如马槽之状瘗之，

① 王水静．云南傣族生死观研究［D］．西南大学，2011.

其人平生所用器皿、盔甲、戈盾之类，坏之以悬墓侧面去，后绝无祭扫之礼也。”[①] 其实，一直以来傣族的丧葬习俗变化也不是很大，只是佛教传入后增加了一些佛法仪式。随着社会的进一步发展，丧葬仪式也越发简单化。

普通的傣族家中若死了人，首先是报丧，即立即通知全寨乡亲及亲戚朋友。按照古老的传统，报丧要身背大米，将米洒在亲戚朋友家的楼梯上，然后站在楼下，把死讯报告给亲朋。如果到外寨报丧，只能站在寨子外面，托人把死讯通报给寨里的亲朋好友。邻居和亲友们闻讯赶来后，立即分头做各种丧葬的准备工作。族长会念经为死者祈祷，请求佛祖允许升入天堂。家里人把死者抬到房屋中央，将死者依靠在木柱上，并一次性坐靠稳，如果坐不稳据说就会不吉利。然后用温水沐浴更衣，若死者是男性，还要剃光头发。洗浴后，给死者穿上两套新衣服，里面一套一般是白衣白裤。上衣要反穿，即衣扣扣在背部，以示与活人区别。随后将死者平卧，双手合于胸前，手下置腊条两对，用白布裹尸，口含金（或银或铜）币，把眼、鼻、嘴部位剪孔裸露，殓入棺中。接着要请寺庙的僧侣为死者诵经超度，亲属哭丧。

择日出殡，傣家人有许多忌讳。例如，傣语中说：“晚陇抱些宰，晚来抱些影”。“陇”与“来”分别为干支中的“辛”与“丙”。这句话的意思是“陇”日，死者是男的就不能出殡；“来”日，死者是女的也不能出殡。出殡那天，要将竹楼做一次彻底大扫除，搬开火塘上的铁三角架，将火灰清扫干净。家属将死者生前用过的东西，集中化为灰烬，倒在江河里，顺水而流，表示和死者一起进入天国。出殡时，由佛爷在前引路，其后跟随一位直系亲属男子，手持一把长刀和一个白布袋，用刀把前来参加送葬亲友手中的“曼苦”树叶包着的饭粒挑进白布袋里。白布袋将一起送进墓地，表示让死者吃到亲友们的斋饭，

① （明）钱古训，李思聪．百夷传．

得到安息。走在直系亲属男子后面的是女性直系亲属，她们双手托着一个翻倒过来的竹凳，里面放着一卷白布，燃着火冒出缕缕青烟，意为引导死者的灵魂走向天堂。跟在棺材后面的还有很多其他送殡的亲友，送葬队伍敲锣打鼓，鸣放火枪，以示隆重。到达坟地后，大多数送葬者即可返回，留下一些壮年男子挖坑掩埋或火化遗体。送葬结束后，家中重新安放铁三脚架，重新燃起火光，还要请僧侣诵一部《尚嘎哈》经文，送家神家鬼。当天，死者家中的长者和佛寺佛爷要给晚辈和抬棺材的人拴线，为他们驱鬼压邪。死者埋葬之后的连续七天，家属每天早晨都要去佛寺赕佛，为死者超度。

根据死者的不同年龄、不同身份等情况，采取的丧葬仪式也不尽相同。如果死者是热恋中的青年，出殡时，会去他（她）们常玩耍的一棵树旁，将尸体在树干上撞击数下（一般是双数），并祷告说："这就是您心爱的人了，带上他（她）一起去吧。"据说，不这样做，死者的灵魂就会回来找他（她）心爱的人，使其闹病；夫妻之中若有一方先死去，要举行一个断绝夫妻关系的仪式。传统的做法是：生者握住一缕白线的一端，另一端系在死者的棺木一端或抬尸板上，由村长或长者把绳子割断。也有的带一串槟榔或带一对蜡条到坟地，用刀将槟榔或蜡条砍断。经过这样的仪式，表示生者与死者断绝了关系，男的可以重娶，女的可以改嫁，不受约束。

二、"四塔"医学

中国的民族医药体系包括蒙医（蒙古族）、藏医（藏族）、维医（维吾尔族）和傣医（傣族）等，其中傣族医药是重要的一支。

傣族传统医学具有悠久的历史。据《贝叶经》记载，早在2500多年前傣族就有了自己的医药。傣族医学是傣人在长期的生活实践中，通过对所生活的自然环境的适应和调整，就地取材，不断地积累、总

结、改善的基础上形成的。它融汇了古印度医学、汉医学的部分内容，创造了独具本民族特色的传统医药学。

相传，当傣族迁移到景永地区之时，许多村寨因疫病死了很多人，唯独在景永坝头的一个村子，不但没有人病死，反倒个个身强力壮。一天，有个名叫波的牙的老人上山摘野果，路过这个村子，看到村里的人个个都很健康，觉得很奇怪，就问村子里的人："你们吃些什么东西，为什么人人都身强力壮的?"村里人告诉他："没有吃别的什么，只不过刚来的时候大家天天上山采摘野果野菜吃，可能是这当中有什么原因吧。"波的牙回去后把这一情形告诉了其他村寨的人，并劝大家不妨也试着上山去采摘野菜吃。大家都想把病治好，便纷纷照波的牙说的去做了。经过一段时间，果真见效，疫病明显减少。波的牙从大家每天采摘回来的野果、野菜中挑出部分样品保存起来。以后只要村子里有人生病，他就依样找这些果菜给病人吃，有的吃了病就好了，也有的效果不太明显，而换了别样的一吃就有效。就这样，他慢慢地总结和积累经验，凡遇有人生病（当时主要是疟疾），就按不同类型的病分别给予治疗。后来疾病减少了，人们健康了，傣族群众就把波的牙称为"摩雅"，意思是会治病的人，从此就有了傣医。

傣医药学对于人与气候、自然环境的关系极为重视，并把这种整体观始终贯穿于傣医的预防保健和诊疗用药中。传统傣医理论认为，人与自然界有着不可分割的联系，风、火、水、土是构成自然界物质的四种基本元素，人体生命的构成也离不开这四种基本物质，即"四塔"。除了"四塔"之外，人体内还蕴藏着另外五种元素，称为"五蕴"，即色蕴、识蕴、受蕴、想蕴和行蕴。色蕴指人可见之形体，识蕴指人对一切事物的认识和识别能力，受蕴指人的情感、知觉和人对冷、热、痛、痒等各种刺激的反应和耐受性，想蕴指人的理性活动、思想、思维能力，行蕴则指人体各种生理机能的内在变化。"四塔"、"五蕴"

相互平衡和协调，人才能健康生活而不发病。如果不平衡，不论是偏盛还是不足，人都会生病。因此，为保障人体无病且健康地生长发育，关键在于保持体内平衡，尽可能适应自然界，不违背自然界发展的客观规律。一旦“四塔”、“五蕴”失调，就应用药物的特性使其恢复平衡关系，恢复身体健康。

傣医药学理论独特，内容丰富，与傣族饮食文化联系紧密，“药食同源”便是其特色之一。“药食同源”指的是许多食物既是食物也是药物，食物和药物一样能够防治疾病。中医学自古以来也有“药食同源”的理论，隋唐时期的《黄帝内经太素》一书中就写道：“空腹食之为食物，患者食之为药物。”这也是当今养生观点甚为推崇的做法。从傣医药的起源时期起，药物就与食物关系密切，傣族的食谱中很多食物兼备了食品和药物的双重功效。根据“未病先治，重在调理”的原则，傣族人民总结出了一套独特的饮食方法。

在傣医药学古文献《罗格牙坦》一书中就记述有：千百万年前，原始傣族先民把草根、树皮和野生植物的叶、花、果、籽作为充饥食粮，经过长期实践认识到了各种植物种类的不同，果实味道的差异，食用后给身体带来的不同作用，从而获得了药物学的知识。日常的食物比之于药物，服食方便，且多是生态、健康之品，其防治疾病和健身养生的效果也是比较显著的。通过讲究饮食，使某些疾病得到防治，逐渐也就形成了傣医药的药膳食疗。这也是很多傣家人健康状况较好的原因。

傣族长期食用野生植物，对它们的作用有着清楚的认识。傣医认为，吃酸的开胃、助消化，可以消暑解热；吃甜的能增加热量、解除疲劳；吃辣的可以增进食欲、解毒杀菌，预防伤风感冒；吃生的，则可保证营养。他们经常食用的野生蔬菜，经过长期自然和人工的选择，成为傣族人民促进健康，防治疾病的好帮手。如经常食用的野生蕨菜、

鱼腥草、刺五加等就具有清肺解热、明目健脑、抗衰老的作用。[①]

按照傣历一年中冷季、热季、雨季三季的规律，傣医针对不同季节和时令提出不同的饮食方案——冷季宜多食辣味食物，多采用植物根部入药；热季宜多食苦味食物，多采用植物花、果、叶部位入药；雨季宜多食涩味食物，采用植物全株入药。傣医把人分为三个年龄段，认为1～20岁年龄段的人，处于生长发育阶段，应多食甜味和酸味的食物；21～40岁年龄段的人，处于成熟壮实阶段，应以酸味和苦味为主；而40～60岁以上者，为逐渐衰老阶段，应多食涩味和咸味的食物。傣医还提出根据人的肤色并与季节气候变化相联系来选用食物。

傣药多数就地取材。傣族居住地区大多属热带、亚热带地区，气温较高，雨量充沛，适宜各种生物生长和繁殖，是我国热带植物最集中的地区，拥有大量珍贵、稀有的生物物种，这为傣医药提供了丰富的资源库。如凤梨，是人们熟悉的热带水果，傣医用它治疗咳嗽、发烧、毛虫刺伤等；青苔，是一种含有丰富的磷质、钙质和叶绿素的藻类植物，也是傣家人喜爱的食物之一，在傣医药中它具有防治疟疾，治疗肺炎、消化不良的功效。

傣族医药处方中比较常用的有以下四个："雅叫帕中补"（亚洲宝药之意），由九种药物组成，具有理气健胃、止痛、安神的作用；"雅叫哈顿"（五种宝药或五宝药散之意），由五种药物组成，具有清热解毒、和中解表、调经补血、止血止痛作用；"雅沙里门囡"（万应小药丸之意），由七种药物组成，具有消暑和止痛、止泻的作用；"雅玛哈嘎仑那龙"（治病大方之意），由30多种药物组成，具有调补气血、活血止痛、通便之作用。[②] 一般认为，要当好傣医师，必须首先学习掌握

---

① 徐梅，吴永贵．浅论傣医药文化的"药食同源"［J］．中国民族医药杂志，2010，16（2）：67，70．

② 周娅．贝叶文化的社会经济价值［J］．思想战线，2006，32（3）：36～44．

好以上四个药方的使用方法，否则就不能算一个名副其实的医生。此外，傣族民间还流传着“八大名方”，其中一个叫“滚嘎仙思”，意为“价值万元之方”，足见其珍贵。

经过长期实践，傣医药不仅在理论上不断发展，在诊断与治疗疾病方面也逐渐积累了丰富的经验。傣医药诊断疾病的方法有问诊、望诊和摸诊三种。三种诊病方法各有其特点，对不同病症的诊察各有侧重，傣医在实际看病时会把三诊结合起来。傣药除采用内服、外用（包括涂、擦、包、敷）或内服与外用相结合三种治法之外，还有一些独特的治疗方法，如睡药、敷药、蒸药、熏药、研药、磨药、刺药等。

傣医药文献很多，其中《挡哈雅龙》是傣医药史料中最著名的一部综合性巨著。书中记录的内容十分丰富，叙述了人体的肤色与血色，多种疾病变化的治疗原则，人和自然与致病的关系，“四塔”相生相克机理，药性与肤色，年龄与药力、药味、处方等众多内容。除了《挡哈雅龙》，还有《阿皮踏麻基干比》、《戛牙三哈雅》、《帷苏提玛嘎》、《玛弩萨罗》、《嘎牙维腊底》、《巴腊麻他坦》、《刚比迪萨嫡巴尼》、《刚比迪萨沙可菊哈》、《刚比迪萨沙可》、《戛比底沙底巴女》等很多医药方面的文献。

随着社会的进步，傣族医药学也得到进一步发展。1983 年我国将傣医药明确为四大民族医药之一，使得傣医药得以进一步发掘、继承、整理和提高。近年来，先后出版了《傣药志》、《傣医传统方药志》、《傣医验方译释》、《傣医中专班教材》、《中国傣医》、《傣肌松专辑》、《傣医诊病特点》、《德宏傣族医药及其验方》、《傣族医药验方集》等傣医药书籍，使得傣医药理论得到进一步丰富和完善。

第三节　文化教育与当代变迁

傣族的传统文化教育主要是家庭教育，教授人们如何为人处世和

自我完善。寺庙教育是获取传统知识的重要手段，而习武是强身健体的重要途径。随着现代教育的普及，傣族的孩童与内地一样开始接受正规、系统的义务教育。傣族之中不乏优秀的人才，有的已声名在外，有的虽然是普通人，却为民族的传承和发展做出了巨大贡献。

一、文化教育

以前，傣家人对于教育的认识不足，加上经济不够发达，父母的言传身教和村寨集体的社会活动成为主要的教育手段。傣族人很重视家庭教育，认为孩子品德好坏、是否具有劳动技能等都和家庭教育戚戚相关。因在家庭和社会上的角色和分工不同，傣族对男孩和女孩的教授内容不同，女孩主要由母亲负责教育，向母亲学习纺线、绣花、挑水、煮饭、栽秧、割谷、织布等技艺。等女孩长到十五六岁，母亲便教授给女儿待人接物的礼貌和礼仪，以及如何看待爱情和家庭等观念。在知识水平较高和比较富裕的家庭，母亲还会教授女儿学习傣文和经书。男孩则主要由父亲负责教育，除了父亲，还会有一个“教父”或“义父”负责教育。男孩学习的内容主要是盖房子、修理农具、耕作，等等。

传统家庭教育中，傣家人有着很多教育子女的规范，例如：

> 做人应该多去接触那些懂知识、有威望、有教养的人。
>
> 你要搞体育劳动，但不要过分。
>
> 要懂得就要问师傅。
>
> 想做重大的事要稳当。
>
> 懂经书要传授给别人，不能只顾自己。
>
> 难做的事要慢慢做。
>
> 为人应该持重，要多尊敬先辈。

佛教传入傣族地区之后，傣族的教育便与佛教紧密联系。佛寺教育主要教授傣文和佛经，尤其是每个傣族男孩进入佛寺学习，形成了规范的教育制度。除了傣文和佛经，佛寺还进行“十善”教育，即道德教育，让人们消除邪恶和犯罪。正如恩格斯所说：“僧侣们取得了知识教育的独占权，并使教育本身大部分具有神学的性质。”[①] 宗教的戒律和神灵的威慑对人们实行了精神的控制，使得人们不敢有所触犯，对净化社会风气、维护人伦道义、保护生态环境等均起到了一定的积极作用。

不论是家庭还是佛寺，主要注重伦理道德的教育，很少涉及文化知识的教育。如果有人想学习一些技能，如歌唱或医术，则需要自己拜师学艺，一般傣族的老“摩雅”或老“赞哈”都不会拒绝传授技艺。傣族社会中这种教育方式沿袭了很长时间，直至 19 世纪末，随着社会的发展和正规学校教育的兴起，才开始出现学校教育。

1880 年，傣族干崖第 23 任宣抚使刀迎廷为了子弟们的教育，开办了西院学馆，邀请汉语水平较高的傣族官员进行授课。这一贵族学堂开启了傣族学校教育的新篇章，培养了不少傣族第一代具有较高汉语水平的学生，其中还有一部分学生远赴日本留学，成为第一批出国留学的傣族学生。随后，学校教育有所发展，直到中华人民共和国成立之前，傣族地区已有了几十所学校。

新中国成立后，大力发展教育事业，对边境民族地区的教育实行了特殊的优惠政策。随着经济社会的发展和改革开放的深化，尤其是义务教育的普及，人们逐渐认识到教育的重要性，开始自觉接受教育。各地普遍建立了小学，改变了过去儿童以佛寺为学校、以佛爷为教师、以经书为课本的现象。中学和中等专业学校也相继建立，更多的傣族孩子接受了现代教育。西双版纳和德宏都各自有了自己的高校。

---

① 恩格斯．德国农民战争．北京：人民出版社，1975：33～34.

1990年至2010年的20年间，随着办学条件和办学质量的改善，傣族地区的学校教育得到长效发展。西双版纳和德宏两个主要傣族聚居区的傣族人均受教育程度由5年提高至6.92年，文盲率由38%降低至9%，受高等教育人口比重从0.7%提升至5.1%。

2000年，傣族人口每万人拥有大学文化程度人口在全国所有民族之中排序第48名，每万人拥有高中文化程度人口排第42名，每万人拥有初中文化程度人口排第38名，每万人拥有小学文化程度人口排第一名。这说明，傣族人口基本全部能够完成小学教育，但高等教育水平、高素质的人才还较缺乏。

2010年，根据对傣族6岁以上人口的教育调查，小学文化程度的人最多，占一半以上，其次为初中和未上过学的人口，分别占约25%和11%，而高中以上文化的人口约占10%，小学及以上的整体教育程度呈现出金字塔状。

表4—5　傣族6岁以上人口入学情况（2010年）

分类	男生（人）	比例（%）	女生（人）	比例（%）	合计（人）	比例（%）
6岁以上总人口	570 983	49.44	583 900	50.56	1 154 883	100.00
未上过学	47 238	8.27	83 099	14.23	130 337	11.29
小学	310 653	54.41	302 669	51.84	613 322	53.11
初中	156 385	27.39	137 484	23.55	293 869	25.45
高中	34 424	6.03	36 332	6.22	70 756	6.13
大学专科	14 385	2.52	15 828	2.71	30 213	2.62
大学本科	7 637	1.34	8 223	1.41	15 860	1.37
研究生	261	0.05	265	0.05	526	0.05

当前，古老的佛寺教育仍然存在。在一些开放程度较高的市县地区，随着认识的变化，入寺为僧的男孩越来越少了。在有些佛教信仰比较普遍的农村地区，因为男孩入寺当和尚的传统习俗与上学相矛盾，还会引发“和尚”与“学生”两个身份的取舍问题。此外，在旅游业

日益开发的西双版纳等傣族地区，由于追求快速经济效益，曾有些人认为读书无用而放弃将子女送入学校。入寺问题和读书无用的观念曾一度导致傣族学生生源下降，不能连续地接受系统教育。面对这种情况，傣族地区的学校通过教育观念的普及和“白天上课、晚上念经”，“寺办和尚班”等各种措施，在一定程度上缓解了学校生源流失问题。

语言是人类文化的载体和重要组成部分。联合国教科文组织的调查显示，全世界约有 1/3 的语言濒临灭绝。当前在傣族地区，会听说读写傣文的人也越来越少，这一现象在年轻人中最为明显。为了使傣语得到较好的传承，傣族许多学校用傣文教学。西双版纳傣族自治州和德宏傣族景颇族自治州都办了傣文报纸，用傣语进行广播，并翻译出版了各类傣文书籍。

傣族儿童　（博林摄）

除了文化知识的学习，体育锻炼也是傣族教育中的一个重要内容。傣族民间有一种说法：男人要做三件事——当和尚学文化、文身避邪、习武强身。与大自然相依相伴的傣家人在长期的生产劳动和抵御外来

侵害的社会实践中，创造了独具魅力的运动项目——傣族武术。傣语中武术叫做“整”，因傣族武术具有从舞娱乐的性质，又有健身防卫之功能，因此还有“凤凰拳”的美称。相传，傣族武术有130套，武术是每一个男人必修的课目。智慧勇敢的傣族人从飞禽走兽的神态中吸取武韵，模仿子纺线、芭蕉林摆动以及猴子等各种动物的动作，从山林碧竹、日常生活中创造了傣族武术的精髓。

二、走向世界的傣族

傣族有很多优秀的人才，有些是享誉中外的名人，有些是孜孜不倦地坚持理想的普通人，他们为傣族的文化传播做出了突出贡献，成为出类拔萃的傣家儿女。

最早有着孔雀公主美称的傣族人是刀美兰女士。刀美兰女士是傣族艺术家、舞蹈家和孔雀舞的代表人。她15岁就从事艺术，虽没有经过系统的专业培养，却以出色的舞蹈演技，特别是孔雀舞和古典的传统傣族舞剧，一举震惊了舞蹈界。1956年，在傣族舞剧《召树屯与南吾诺娜》中，刀美兰饰演了孔雀公主的角色，从此结束了千百年来孔雀舞由男人扮跳的历史，成为中国舞台上第一个“孔雀公主”。刀美兰与周恩来总理也曾有过渊源。1961年的泼水节，周总理来到西双版纳，与民众共同泼水庆祝。周总理慧眼识人，将跳独舞《种菠萝》的刀美兰引荐到了国家级的歌舞团。后来，周总理还推荐她到缅甸演出。在缅甸还发生了一段趣事。这位“傣家的金孔雀”深深吸引了缅甸王子，王子执意要娶她为王妃，不然就要按照缅甸的风俗习惯来抢亲。幸亏周总理随机应变，派专机把小小的刀美兰送回了国。从20世纪50年代的《孔雀公主》《少卜少》《赶摆》到大型音乐舞蹈史诗《东方红》《金色的孔雀》和《水》的表演，她都以迷人的艺术魅力向世人展示了独特的艺术风采，在海内外舞坛上散发出民族艺术的芳馨。她后来办了艺术学校，旨在传承傣族民族舞蹈。她还提倡傣族的养生之道，以淘米水滋养头发。

除了孔雀公主，傣族地区还有著名的孔雀王子，他就是约相，号称云南“孔雀王”。小时候因在热带雨林里无意中看到俏丽的野生孔雀，点燃了他创作孔雀舞的热情，18 岁便成为中缅边境一带闻名遐迩的民间艺人。1976 年，参加了北京全国少数民族文艺汇演，他的孔雀舞第一次登上舞台就引起轰动。2002 年，他被云南省评为民间高级舞蹈师。比起其他人跳的孔雀舞，约相的孔雀舞更注重原生态。早些年他每天都会跑到热带雨林里观察野生孔雀，将其姿态融入自己的舞蹈当中，配以原生态的象脚鼓，整个舞蹈灵动异常。约相还推出了孔雀拳、傣棍等体育项目。为了使孔雀舞代代相传，他的子孙成了传承人，他也毫不保留地教授慕名赶来的爱好者和求学者。

刀安仁（1872～1914 年），云南干崖（今盈江县新城、归城、弄璋一带）宣抚司第 24 代土司。他是云南省少数民族中最早参加孙中山同盟会的民主革命先驱。他在推翻封建帝制，建立民主共和的辛亥革命中立下了卓越功勋，被孙中山誉为“边塞伟男、中华精英”。青年时期，他多次号召傣、汉、景颇、傈僳、阿昌等族群众与英国侵略军进行斗争，还曾到印度、日本考察资本主义制度。1906 年，他东渡日本与孙中山、宋教仁等人建立联系，成为同盟会早期会员。1907 年回国，推行实业计划，改革傣族地区的文化教育和土司制。1908 年云南河口起义失败，他将土司衙门作为活动据点，准备新的武装起义。他和张文光、刘弼臣等在腾冲建立自治同志会，并在 1911 年 9 月 6 日发动腾越（今腾冲）起义，成立滇西国民军都督府。刀安仁不仅积极从事民主革命，还在傣族文学艺术方面卓有成就，对封建文化进行了诸多改革。他凭借较高的傣语、汉语水平和土司衙门所具有的经济实力，对傣族诗歌、戏剧进行了大胆的创新，为傣汉文化交流做出了重要贡

献。他的作品颇多，例如《抗英记》《傣文诗韵》等。他因遭受不白之冤而怨愤所作的“昔日并马扫狼烟，而今对影挂南冠；韩元负屈千古事，凌烟阁上会稼轩”等很多诗作至今仍流传于世。

从1180年至1950年的数百年间，西双版纳的“召片领”世世代代传位继承着，刀世勋则是最后一任“傣王”。1944年，15岁的刀世勋继任西双版纳“召片领”，六年后，云南和平解放，他成了“末代傣王”。他与其他没落的贵族不同，一心做学问，新中国成立后上了大学。相传在小时候婴儿抓周时，他伸手先摸了摸宣慰使大印，然后把贝叶经抓了起来。那时就传言他掌权的时间不会长，而当文人的时间是长久的。作为近800年来的世袭傣王，他并没有沉湎于过去的光环和辉煌历史，而是将精神全部集中于学术，尤其是傣族文学方面。这位戴着“王冠”的传奇学者，主编了《傣汉大字典》和傣族历史、文化、文字、艺术等各方面著作，把傣族古老传统和瑰宝重新掘取出来，还培养了一大批研究生，成为蜚声海外的语言学家。

著名的音乐家，国歌的曲作者聂耳也有傣族血统，他的母亲是傣族人。聂耳的母亲是一名医生，会唱许多傣族民歌。母亲是聂耳的音乐启蒙导师，正是母亲的少数民族艺术禀赋对童年的他产生了重要的影响，为他日后的艺术成就奠定了基础。

其实，除了这些名人之外，傣家还有很多普通人撰写着一曲曲感人的赞歌，成为傣族文化传承的最基本和最强大的力量。其中有为傣族人数十年如一日医治病患的女“摩雅”，有剪纸、象脚鼓、傣锦、贝叶经等民族传统工艺的传承者，有带领傣家人走向富裕之路的基层干部们，还有继续发扬傣族歌舞、表演、戏剧、诗歌的文艺工作者，他们在书写自己精彩人生的同时，还向全社会和下一代传递着傣族传统文化，使得民族精神得以代代延续。

第五章

傣家儿女　情意绵长

从出生、成长、相恋、成家、生育直到老去，傣家人一直在流淌的河水和郁郁葱葱的凤尾竹构成的如画风景中快乐地生活着。即便很多外界的世俗与干扰不可避免地冲击和影响着傣家人的传统家庭生活观念，但他们依然故我地持续着这童话般的生活，浓浓的亲情、爱情是维系这一切最本真的源泉。

第一节　“串卜少”得来的爱情

不论是泼水节、花街节，还是名目繁多的坐旱田、串寨子等集会，一场一场欢快的“串卜少”（泛指谈情说爱的活动）为多情的傣家儿女提供了很多彼此认识和爱恋的机会，也最终成就了一对又一对的有情之人。

一、社交活动中的约会

按照傣族传统的风俗习惯，青年人公开谈情说爱的时间是在开门节后至关门节前。特别是开门节之后的几个月里，秋收已过，谷物归仓，农活较少，是小伙子串姑娘，姑娘借用纺场谈情说爱的最好时机。

傣族青年一般十四五岁就可以开始参加婚前社交活动。

串姑娘，傣语叫做“列少”，是小伙子主动追求姑娘的主要方式。每当夜幕降临，小伙子换上干净衣服，披着毯子，三五相约，去寻找姑娘谈心。对本寨姑娘无意的小伙子，往往会穿越田野，到外寨去寻访意中人。串姑娘的小伙子一般不贸然登楼，只在姑娘的竹楼下用委婉的琴声倾诉爱慕之情，召唤姑娘下楼幽会。姑娘如果有意与小伙子相会，便收拾打扮一番，走下竹楼与小伙子相见。如果交谈比较开心，在父母进入卧室之后，姑娘还会邀请小伙子登楼，在火塘边倾心交谈。无意与小伙子相见的姑娘，则走进卧室装睡。有时候执意要见姑娘的小伙子，遭到冷遇也不灰心。他会不停地在楼下想方设法吸引姑娘。本来不愿下楼的姑娘，会被小伙子顽强坚韧的精神所感动，终于梳妆打扮后走下楼来。有情有意的男女在楼下相见以后，越谈越亲近，渐渐坠入情网。两人感到情投意合，便同披一条毯子坐在楼下，情深意浓地聊着各自的经历和感受，不知不觉地度过一夜。

傣族女青年一般不主动到男青年家中串访，她们寻求伴侣的方式主要是借助秋末冬初夜间到寨场上纺线的机会，与中意的小伙子幽会谈情，这种约会方式傣语称为“儒控”。“儒控”之前，姑娘会梳洗打扮，端上一张纺车，带上两只竹凳到场地上纺线。欲串姑娘的小伙子，见到寨场上的火光，也会梳洗打扮，披上毯子走进纺场。小伙子看中某个姑娘后，便主动靠拢倾诉爱慕，或对着姑娘耳语，表达爱意。姑娘若对小伙子有意，便会抽出筒裙遮掩的竹凳，让他坐在自己身边；如对来者无意，任其如何表现也绝不让坐，只是一个劲地摇车纺线，对面前的小伙子熟视无睹。遭到冷遇的小伙子，会知趣地离开，重新找寻中意的姑娘。姑娘一旦让某个小伙子坐在跟前，便与之热情交谈，时而停下纺车，逗乐嬉戏。夜深人静之后，一对有情的男女便合披一条毯子窃窃私语，直到黎明。村寨中的纺线空地不知成全了多少男女，使多少有情人终成眷属。

其实，傣族青年男女谈情说爱的形式多种多样，不拘一格，如“串寨子”寻情、“照电筒”择侣、“赶花街”比美、“坐旱田”对歌等。故当地有“正月十三上花街，五月初六下花街，十冬腊月坐旱田，平常日子串寨子，竹林丛中照电筒，欢欢乐乐过一年”之说。

春节至农历正月十六，是花腰傣青年男女们非常热闹的时节。小卜冒们三五成群，身带蜜酒、糖果等食物，到邻村找小卜少谈情说爱，即“串寨子”。“串寨子”活动内容丰富多彩，或游戏嬉闹，或看电影录像，或以歌舞欢乐，或对歌试探，或饮酒吃糖。每个未婚青年都充分利用这个大好良机，如蜜蜂采花，在姑娘群中、小伙子堆里寻觅自己的意中情侣。

“照电筒”择侣也是别有风趣的谈情说爱的方式之一。当朦胧的夜幕给傣乡蒙上一层轻柔的面纱之时，男女青年纷纷带上电筒走出村寨，或在风爽月明的江边沙滩上，或在翠竹葋翁的村外溪边，或在枝叶茂密的芒果林中，莹莹电光忽隐忽现，阵阵欢笑惊飞憩鸟。他（她）们手持电筒，相互对照，在明亮的电光下，审视对方相貌，如中意，就摇晃电筒，示意到边上去挽臂踏歌，膝足谈心。就这样，一对对有情男女在那充满情趣的“照电筒”中相识了。

一年一度的“花街节”是以傣家小卜少为主角的节日。她们在这一天穿戴一新，如花似玉，俨然一个盛大的选美大会。每寨由一位德高望重的老妇人带队，卜少们身系精致秧箩，内装有糯米饭，炒熟的干黄鳝，煮熟的香肠、腌鸭蛋等佳肴。一群群美丽的姑娘汇聚于花街，使得满街的人们赏心悦目。若姑娘被小伙子选中，就会得到一个精致的小礼品。姑娘若对送礼的小伙子有意，就送“秧毫”给他，以示自己将纯洁的爱情献给了对方。小伙子接收下“秧毫”，就表示两厢情愿，订下终身。

“坐旱田”对歌，也是男女青年谈情说爱的方式之一。每年的秋末冬初，傣乡晚稻收割入仓后，田水放干，青年男女便相约到村外田埂成排对坐，对歌觅偶。对歌前，男女双方都要推选各自善唱的代表。对歌时会用花毛巾蒙面，因此也有“蒙面情歌”的别称。对歌散场后，相爱者各自取所携食品，离开人群到较远处，共尝各自带来的食品，倾吐爱慕之情。对对情侣“坐旱田”，给冬日的傣乡田园增添了诗意。

提亲，傣语称“咳光考”，还有“送饭包”之意。青年男女私下定情后，卜少就会焦急地等待男方来提亲。卜冒则将与中意姑娘定情的事告知父母，催促他们请媒人到女方家提亲。男方父母首先会托人打听清楚女方的家庭及女子的人品等各方面情况，当男方父母对于女方家庭和人品等认可之后才会请媒人前去提亲。媒人一般由舅舅、姨母等亲戚担任。提亲当天，媒人会带上装满糯米饭、腌鸭蛋、干黄鳝等传统美食的竹篾箩或槟榔叶编制成的饭盒，到女方家“咳光考”。女方父母会设宴款待媒人。酒席之上，媒人受男方父母之托，用尽夸耀之词，向女方父母介绍男方的家庭情况，男子的生辰八字、人品，劝说女方父母接受这桩婚事。女方父母出于对女儿婚事的谨慎考虑，会仔细地倾听媒人的述说，还不时地提问媒人没说到的情况和自己关注的问题。若女方父母对男方不满意，不同意婚事，则婉言谢绝，推说自家姑娘丑、家庭贫困、门不当户不对等。若非常满意，有意成全这门亲事，会叫女儿自己表态，并由女儿接下送来的饭包，意味着同意了男方的提亲请求。

定亲，傣语称“联碗唠”，即互换酒杯，喝联姻酒之意。亲事说成之后，双方商定一个吉日，由男方父母提上一只鸡、一只鸭和一些酒，到女方家“联碗唠”，女方设宴款待。席间，两亲家相互敬酒，女方的叔、伯、姨、舅等亲朋都依序给男方父母敬酒，表示祝贺。到了酒酣之际，男女双方父母喝换杯酒，共祝两家联姻。喝完换杯酒后，男方父母将一对银手镯给女方母亲，作为“喂奶费”，以示感谢对女儿的养育之恩，同时给女方一对银手镯及花线、花边、绸缎、布料等礼物。双方共同商定结婚当日的肉、酒、米、菜及彩礼等事宜，并由男方家测算和确定结婚吉日。

勐远（现属勐腊县）地区的傣族恋爱风俗比较奇特，他们在婚前会对男孩子进行特殊的情操考验。在婚前，女孩会邀请男孩来到自家卧室同寝，但要求男孩不能越轨。如果男孩能够克制自己，则考验合格，如果男方不守规矩，则会惨遭被赶走的待遇，重者还会罚款。这种习俗据说也来源于一个传说：远古时候，有一对相爱的情人。一个寒冷的夜晚，男孩来敲门找女孩，但沉睡中的女孩没有听见，男孩为了表示钟情，静坐在门口一直没有离开。第二天，女孩发现门口的男孩，但他已经冻死在门口。她十分悲伤、悔恨，从此，为了不再发生这样的悲剧，女孩子们都会邀请男孩进屋聊天，不过同时还要求恪守规矩，考验爱情。

二、饶有情趣的婚礼

傣族的婚礼，民间称为“金欠”，含结婚宴请之意。由于佛教信仰，一般婚期只能定在每年的开门节至关门节这段时间。相对于自由浪漫的恋爱，傣族人的婚礼更加庄重典雅。

婚礼开始前，新郎和新娘要先到佛寺去拜佛，祈求吉祥幸福，白头偕老。结婚之日清晨，男方家宰牛、杀猪，准备菜蔬。吃过中饭，新郎、伴郎率领着厨师和帮忙的小伙子们，一路敲着象脚鼓和铓鼓，喜气洋洋地来到女方家，沿途还鸣放鞭炮和鸟铳，以增加喜庆气氛和驱除邪魔。

傣族青年男女结婚，曾实行从妻居的习俗，即男方到女方家上门，因此成婚仪式一般在新娘家举行。男方进入女方家需要经过几道关卡：一是到门口时，竹门已经关闭，男方需放鞭炮、付礼钱，才打开门让

男方通过；二是登竹楼时，男方被女方的家人和朋友阻挡，经过男女双方欢快地协商并递上礼钱后，男方才能登楼；三是进了屋后，新娘被藏起来。男方需付礼钱和敬酒，几番恳求和几经周折后，新娘才被大家送出来。然后所有人簇拥着新郎和新娘到屋内，准备举行结婚仪式。这一系列过程包含着考验新郎的意味，也隐含着“抢婚”的性质，使得婚礼充满了欢乐和喜庆的气氛。

仪式之前，在新娘家堂屋内设置“茂欢”（意为魂桌）。“茂欢”用芭蕉叶铺好，上面放置煮熟的一对雌雄子鸡，以及用芭蕉叶盛装的糯米饭和米酒、舂盐棒、食盐、芭蕉、甘蔗、筷子、蜡条、红布、白布、白线等物。主婚人一般由新郎的舅舅担任。仪式开始时，主婚人端坐在“茂欢”后的正中位置，长者围桌而坐，一对新人面对主婚人而跪，亲友围于两旁。主婚人揭去盖在食物上的叶帽，先为新郎、新娘祝福：“今天是个美好、吉祥的日子，现在是一天中最好的时辰，你俩恩恩爱爱结成夫妻，金凤与铜凤结成一对，日子会幸福美好。愿生子会得子，盼生女会得女，祝福你们幸福美满，永不离分……”主婚人念完祝词以后，指导新郎和新娘从桌上揪下一团糯米饭，蘸点米酒、食盐、舂盐捧、芭蕉，将糯米饭和雌雄子鸡一一浇点，祭奠三遍。主婚人拿起一条长长的白线，从新郎左肩至新娘右肩相绕，将白线两端搭在“茂欢”之上，表示将一对新人的心拴在一起。然后再拿两缕短一点的白线，分别缠在新郎、新娘的手腕上，祝愿新婚夫妇百年好合，无灾无难。在座的长者也各拿两缕白线，分别拴在新郎、新娘手上，边拴线，边说些祝愿词。

结婚拴线，傣语称为“树欢”，意为拴魂，这是傣族很古老的习俗。传说很早以前，一位年幼的傣族公主询问宫中一个少年奴仆：“你知道我长大以后会嫁给谁吗?”奴仆张口便答：“我就是你未来的丈夫。”公主很生气，于是将手中小刀甩向仆人，割破了他的额头，仆人也因此而被赶出王宫。后来经过很多周折，这个仆人成为另一个王国的君王，并和他曾经入宫为奴的那个王国联姻。在举行婚礼那天，公主发现新郎额头上的伤疤，知道他就是当年被自己弄伤的仆人，悔恨万分。她说："我愿与我的丈夫心相印、魂相依，永不分离。"并拿起一缕白线将两人之手拴在一起，表示永不分离。从此，傣家人便有了结婚拴线的风俗。

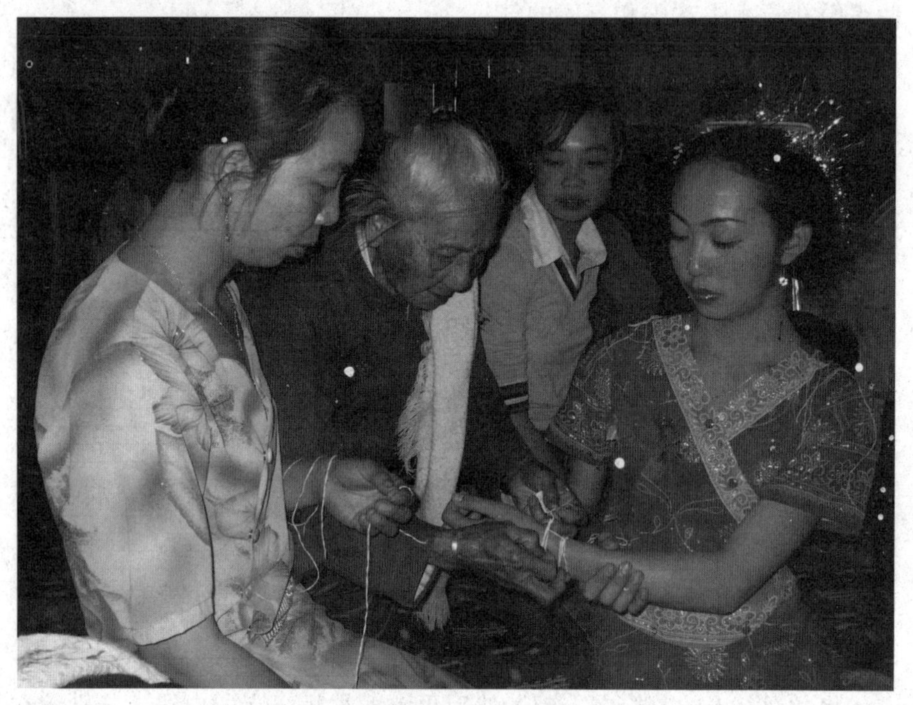

傣族的婚礼：结婚拴线　（博林摄）

拴完线后，仪式基本结束，婚宴正式开始。席上的菜肴多带有傣味特色，而且非常丰盛。席间，新郎和新娘要殷勤地向宾客敬酒，宾客也会提出各种各样的问题，要新郎和新娘回答，有的则要求一对新人表演节目等，不时逗得大家开怀大笑，气氛热烈而活跃。婚礼过程中，赞哈的演唱是绝不可少的。据说，没有赞哈的婚礼不热闹，酒也不好喝。因此，婚礼是赞哈们大显身手的机会。人们一边吃菜、喝酒，

一边听赞哈们演唱："今天是凤凰起舞的之日，此刻是孔雀开屏之时，在吉祥的日子里，来的都是最尊敬的喜客。欢迎你们，男女贵客，我要唱最好最美的歌。首先祝福新婚夫妻，他们是人间的好儿好女，像芭蕉一样的美丽，像椰子一样的稀奇。"赞哈演唱之后，在铓鼓和象脚鼓声中，新郎、新娘与参加婚礼的宾客们共同在庭院里或广场上翩翩起舞，通宵达旦，主宾尽情欢乐。

花腰傣的婚礼一般在午夜举行。男方家邀请数人带着结婚礼物去女方家迎接新娘，新娘家也会安排多名男女陪送新娘，即"送亲"。送亲和接亲的人们挑着新娘家陪嫁物品，共送新娘到婆家。途中，新娘有时会步行缓慢，走走停停，或有意躲进路旁的香蕉林、甘蔗田或小树丛中，让新郎寻找，以此试探新郎的诚意和能耐。当新娘在众人的簇拥下来到婆家时，婆婆会连忙走上去为媳妇戴上"鸡苁斗笠"。此时，送亲的人们会有意把帽碰歪，让婆婆再去扶正，反复嬉闹，增加婆媳之间的感情。新娘到了婆家之后的第一件事就是跟着婆婆去牛厩给耕牛喂草。这一习俗反映了傣家对于牛的图腾崇拜。进入新郎家门后，婚礼仪式开始。当新娘来到门口时，婚礼主持手持红线圈，从新娘头上自上而下连续套三次，表示驱除一切的邪恶和污秽，然后用红线拴在新娘、新郎手上，寓意同心同德、婚姻美满、白头到老。其后就进入浇火仪式环节，此时，新娘从门外将左脚踩在门坎上，新郎则从门内将右脚踩在新娘左脚上，主持者一只手持一根燃烧的木柴，另一只手拿着一个盛满清水的木瓢，将燃烧的木柴浇熄在新娘、新郎的脚背之上，让水从新郎、新娘脚背流走。浇火仪式也是婚礼上表示驱逐邪恶的一种传统习俗。此后，进行吃黄饭仪式。主持者将两团包有蛋黄的糯米饭放在两手中，在新郎、新娘面前上上下下交叉多次，嘴上还说着祝福的话语，随后新娘、新郎吃下这两个饭团。洁白的糯米、橙黄的蛋黄，象征着黄金白银、五谷六畜今后都要由夫妻共同创造。

洞房之夜，新娘与送亲女友同宿。次日凌晨，新娘及送亲女友为婆婆做好家务事后就赶回娘家。以后要由丈夫去接，才陆续回婆家与丈夫同居，但每次只回两三天，等到怀孕或生下孩子后，新娘才长居婆家。

三、自由的爱情

过去，傣族的婚姻和家庭带有明显的封建色彩。土司之间实行严格的等级内婚姻，盛行一夫多妻。《百夷传》载："酋长妻数十，婢百余，不分妻妾，亦无妒忌。"传统的等级内婚姻并不是简单的婚姻，而具有深刻的政治经济利益关系，不同的阶段需要不同的婚姻人选。平民则实行父权制的一夫一妻制小家庭。

如今，自由的婚姻和一夫一妻的小家庭制是傣族婚姻制度的显著特点。由于家长制的薄弱和对个人个性发展的束缚较少，形成了婚恋和生活的自由观念。随着时代的发展，现在多数人在婚后即盖起自己的房屋，建立起自己的小家庭。结婚后夫妻恩爱，感情融洽，离婚的较少。傣族社会中因家庭矛盾或由家庭引起的社会问题并不多。

傣族男女婚前有充分的社交自由，父母不得干涉，如果父母干涉子女的自由恋爱，会受到社会舆论的谴责。但子女结婚应征得父母同意，如果不征求父母同意而结婚，也会受到道德舆论的谴责。这充分体现了傣族人无论长幼，相互尊敬、信任的相处方式，同时也体现了傣族人对恋爱的开放态度。

传统上，傣族男女婚后需要从妻居，即男方在女方家居住一段时间，然后再带着妻子回到自己的家居住。从妻居的时间根据地区不同而有所不同，一般是三到五年，有的仅短短几天，也有的比五年还长，还有的在男方、女方两家每几年轮换一次，即所谓"三年去、三年来"。这种轮换居住一直持续到夫妇经济独立，或继承了一方家庭的财产，才离开双方父母建立起自己的小家庭。从妻居是一种原始的婚姻

形态，表示男方通过在女方家的劳动，向女方交付妻子的身价费。后来随着社会变化，从最初的终身制逐渐缩短时间，有的变成只是象征性地在新娘家居住一小段时间。

婚后的夫妻即取得家族和村社成员的地位，享受权利并承担起家族、村社成员应尽的义务。傣族家庭都是男子为家长，父母健在又能正常生活就由父亲做家长，父亲年老可以让位给共同居住的儿子或女婿。家长的妻子是一家的主妇，负责管理全家家务。妇女在家中有一定的地位，她们统筹家庭生产、生活，有的还掌管家中的经济。不过，受到长期封建思想的影响，傣族妇女的地位也受到男尊女卑思想的影响，例如，在同一条河中沐浴，男人要在上游，女人要在下游；在家吃饭时，男人先动筷，女人才能开始用餐，等等。

傣族自由的婚恋观充分地体现在离婚的问题上，这是傣族婚姻道德观的一个重要内容。在传统民俗中，如果离婚，由提出离婚的一方递给对方一对腊条，或双方拉一块白布从中剪断，从此便恩断义绝，算做离婚。傣族乡规民约规定，夫妻离婚不能争吵或打骂。离婚时对共同财产的处理，也体现了“好说好散”的观念。一般财产都归女方，因女方要养育子女，不再向男方索要赡养子女费。离了婚的妇女或死了丈夫的寡妇，可以再婚，亲友不刁难，社会也不歧视。凡不同情孤寡弱女、欺辱或阻挠寡妇再嫁，都会被视为是不道德的行为。由于傣族地区常出现丈夫游走他乡，多年不归而的现象，故一些地方法规还为此作了详细规定。如孟连《芒莱·干塔莱法典》中就明确写道：“丈夫出远门，传闻已故在外，女方守三年便可改嫁。改嫁后，如果原夫归来，不应向新夫问罪。如果女方愿跟新夫同居，应向原夫道歉谢恩；如果女方愿跟原夫同居，应向新夫道歉谢恩。[①]”

---

① 熊坤新，彭晓霞．傣族伦理思想面面观［J］．新疆师范大学学报（哲学社会科学版），2008，29（1）：58～65.

第二节　竹楼家内欢乐多

傣族自古以来就是一个讲究礼仪的民族。注重家庭生活的傣族社会，世世代代推崇和睦的家庭关系，家庭中的各个成员相互关心与谦让，呈现一派和睦之景。由“小家”而“大家”，傣族人经过历代传承，树立了深入人心的追求美好的信念和伦理道德约束，对自觉维护社会秩序、弘扬民族文化起到了深远的影响。

一、和睦一家亲

美丽的雨林给傣族人民提供了原生态的生活方式。千百年来他们一直生活在森林植被众多、植物种类复杂的天然植物园内。由于长期出入森林采集可食性植物，索取生活所需的各种材料，他们认识了许多野果、野菜、野花、野生香料和草药。傣家人将这些天然野生的树木、花草带回家，种植在竹楼院落内，久而久之，竹楼周围便出现了各种各样的家种植物与野生植物，形成果木交错，乔木、灌木、花草兼容，红花绿树掩映的优雅景致。每座傣家庭院，都变成了植物利用、保护与环境美化融为一体的独特园林。

走入傣家，仿佛是到了另一个时空，令人不禁陡生隔世之感。宽敞的庭院洁净、舒适，独特的竹楼简朴、美观。善于利用野生植物和精于巧用土地的傣家人，在院落里种满了各种热带果树，使竹楼隐没在绿荫之中。爱美的傣家人还广种奇花异草，竞放芬芳，一年四季花果飘香。这种庭院园林既提高了土地的利用率，又获得了大量日常生活所需的食物和原料，而且还使居住环境充满了鸟语花香，红花绿树掩映，空气清新，使人与自然变得更加和谐。

傣家人一般喜植大青树、贝叶树、菩提树、槟榔树、椰子树、铁

刀木、芒果树、牛心果、缅桂花、竹等各类植物，使得傣族村寨不仅大树环绕，还成为果香四溢的花果园。庭院内的植物由于乔木、灌木、草木、藤本相互间夹，植株大小、高矮不一，形成了多物种、多层次的生态结构。高大的椰子树、菠萝密与干细株高的槟榔占据了上层空间；柚子、番木瓜、芒果、三桠果、缅桂等较高的树木，形成了第二个层次；缅枣、香蕉、芭蕉等植物，居于第三个层次。这些林层之下，不仅有种满蔬菜的菜园，还有香茅草、刺五加和许多草本药用植物。围院的竹篱之上，还有滑板菜、藤甜菜等藤木植物攀缠……面积不大的傣家园林，成为一个实用的、生物多样的小天地。

傣家村寨　（博林摄）

勤劳、节俭、整洁是傣族人的传统美德，这些美德很早便深深扎根于傣家人的心里。据史籍记载，傣族是最早从事稻作生产的民族之一。在传统的农耕时代，除了宗教活动、节庆日和特殊情况之外，傣家人平时都是“日出而作，日落而归”。每当走进傣族百姓人家时，就会发现家里非常干净、整洁，无论男女老少都穿着朴素、优雅、大方。在家庭中，夫妻地位平等，双方都有支配生产和消费以及继承财产的平等权利。

工作间隙的傣族妇女　（王京摄）

傣族对亲情、族情非常看重，常说“脱离家族亲戚，如同南瓜折断了藤，鸟儿没有了翅”，因此家族之间有着很强的相互依赖、互助互利的传统。有人曾说“一座竹楼或一个村寨，就是一个和谐社会的缩影。”傣族家庭多数为二代或三代同居，这种家庭比例约占80%，家庭成员多数为3～7人。在傣族村寨之中，人与人之间也具有较强的联系纽带。例如，每逢农闲或节日走亲，人们都必备礼品，哪怕是很平常的粑粑、饵丝、毛烟之类的都会带上一点，在串亲戚返家时，主人也会同样备一些礼物相赠。每当有一个傣族家庭要盖新房，全寨子的人都会赶来帮忙，犹如自家的事情一样上心。新房建成后，寨子里的人们还会带着礼物前来祝贺，并帮助主人乔迁新居。有的人抬着牛头，

唱着贺新房的歌曲，有的人抬着箱子，还有的抱着被褥，或端着饭菜依次而上，新房里被前来道贺的乡亲以及各式新家具、礼物等衬托得格外热闹和红火，人们欢歌笑语，为新房带来满满的祝福。新房的主人为了款待和答谢乡亲，会在火塘上支好三脚架，置酒备菜，大家热热闹闹地度过愉快的一天。再如，“打亲家”也让寨内各家之间的关系更加密切。“打亲家”是指甲家把子女拜寄给乙家做干儿子、干女儿。乙家人会对孩子如同己出，两家从而变成亲戚。

二、好客傣乡

傣族村寨在傣语中叫做“曼”，一个村寨一般 30～50 户，有的小村寨可能只有 10 户左右，而有的大村寨则可能多达 100 户以上。一般来说，组成傣家村寨的几个必要的要素分别是龙林、佛寺、竹楼和大片水田，这些要素充分体现了人与自然的和谐之美，描绘出美丽的画中影像。

树林里古朴的傣家村寨隐藏在深深的灌木丛中，周围被各种高大的树木环绕，好像沙漠里的一片绿洲，又像大海中一处绝美的小岛。一般村寨都用竹篱构成村寨围墙，林荫掩映着寨子，在一簇簇树丛中间，映现出一幢幢玲珑别致的竹楼。村寨内部，同村人你来我往，人际关系十分密切、融洽、和谐。

在美丽村寨居住的傣家人，似乎永远都和繁茂的植物一样，内心满足、安乐。日常生活中和傣家人打交道时总能感受得到他们平和而善良的内心，因此有人将傣乡比喻成“一方乐土”。远方的客人倘若到了傣族村寨，能够充分感受到热情好客、宾至如归的感觉。寨子里的男女老幼不论认不认识都会主动打招呼；若随意走进任何一户傣家人家里，主人都会主动献上一杯热茶、一支香烟和自产的新鲜瓜果，让人感受到一股温暖和爱意；平日里或逢年过节到傣族亲戚家串门，主人总会拿出美酒佳肴招待客人，绝不会饿着肚子走出他们的家门，而且，临走时还会收获许多丰厚的礼物。

欢乐的傣乡生活　（博林摄）

在傣族居住的地方，茶和竹一样都是生活中不可缺少的事物。傣家竹楼中央的火塘，燃着四季不断的火苗，随时准备为远方的客人送上一杯傣家特有的“竹筒茶”。竹筒茶将竹之清香融入茶之醇味，傣语称为“腊朵”。主人取来竹楼边新鲜的香竹一截，将干青毛茶装入内，并用橄榄枝做成木棒在竹筒里冲压，一边冲一边放进茶叶，直到将竹筒填满冲紧为止。然后将竹筒放到柴火上烘烤。烤到香味四溢时，再将竹筒冷却，用刀剖开取出已成圆柱形的茶柱。掰一小块放入茶碗，冲入沸水，一缕清香便在竹楼里弥漫开来，沁人心脾。碗中的茶叶，一片片在沸水中舒展、变绿，犹如林中孔雀开屏。袅袅升腾的雾气中既有竹的清香，又不失茶的滋味。如果遇上一个有情趣的主人，还会为客人唱一曲“请茶歌”：“远方来的客人啊，请把澜沧江边的竹楼当

成家。喝下一碗傣家的竹筒茶，你就会不渴不乏走天涯。”

到傣家作客，主人会主动打招呼，端茶倒水，款待饭菜。无论男女老少，对客人总是面带微笑，说话轻声细语，从不大喊大叫，不讲脏话。有时客人还会受到主人“泼水”和“拴线”的礼遇。客人到来之时，门口的小卜少用银钵端着浸有花瓣的水，用树枝叶轻轻泼洒到客人身上。走上竹楼入座后，老咪涛会给客人手腕上拴线，祝吉祥如意，平安幸福。妇女从客人面前走过，会拢裙躬腰轻走。每户人家都备有几套干净被褥，供待客之用。有的傣族村寨，还在大路旁建有专用于接待客人的“萨拉房”。

“坦诚、宽容”是傣家人为人处世的基本要求。傣家人把善待他人作为美德。傣族社会中就流传着“推心置腹，肝胆相照”，“平时勤帮人，有难贵人助”等处世警言，体现了傣族友善和乐于助人的天性。“布施渡人、行善积德”，乞讨者若是登门讨要，傣家人一贯奉行“慈悲为怀”的佛家行为准则，不会让落难者、无家可归者空手而去。村寨里的傣族群众会自发轮流给“奘房”里的出家人送去饭菜、水果及一些生活用品。若遇到僧人来化缘，傣家人都会行善布施，布施也成为傣族信徒修行的方式之一。

第三节　傣家儿女初长成

傣族家庭以“尊老爱幼”、“和睦相处”为美德。小孩和老人是家庭之中的重要组成部分，善待孩子成就了民族的未来，而赡养老人则为自己的将来提供了安全而可靠的生活保障。一老一幼的幸福生活中实现了家庭之中的文化传承，集体养老的风俗又使得文化在村寨之中得以传承。

一、孕育和文化传承

许多少数民族都有其独特的生育习俗与礼仪，傣族也不例外。傣族的生育习俗从女子未孕前的求子到生产有许多有趣的礼仪。

若女子成婚两三年后仍未怀孕，则要向神灵求子。求子的方式主要有：杀鸡祭寨神求子，献鸡蛋向村寨附近的大树求子，到江边宰鸭向水神“匹南”求子，等等。不论向何种神灵求子，都要求要心诚，仪式前还要洗澡净身。另外，人们认为，女子长期不孕也是一种神灵对个人的惩罚，需要做好事来弥补。因此，不孕者常以搭桥、修路求子。有的还与山头上多子的彝族、哈尼族家庭搭“亲家”以沾喜气求子。在新平水塘、戛洒一带，有的傣族男女会身背香火、鸡鸭等祭品到大帽儿山神仙洞求仙赐子。

傣族妇女与孩子　（王京摄）

家有孕妇，则为大喜之事，家人都会精心关照。女子怀孕三四个月后，一般不再承担重体力劳动，多由男子去做。受孕之后，由于妇女生理发生一系列变化，还会对孕妇的行为规定许多禁忌。如花腰傣妇女有孕后不得参加重大祭祀活动；不得触碰村寨边被认为有灵性的神树；不得攀摘瓜果；不得参加葬礼；不能让上山狩猎、下江捕鱼的男人看见等。一般认为，孕妇喜吃酸者，易生女；喜吃甜者，易生男。

孕妇不能吃生姜，认为吃了后生出来的孩子会有六根手指。随着现代文明的发展，胎教也在部分家庭中时兴起来，如要求孕妇定期检查胎位，行坐端正，多吃瓜果，多听音乐，多听美言等。

传统习俗中，傣族妇女生育一般情况下很少到医院生，也没有专业的接生人员，多由村寨中有经验的中老年妇女帮助接生。妇女生育的地点一般在家中火塘边。在戛洒、水塘一带，婴儿的脐带多用踩碎后的梭筒锋口割断，据说，这样可以避免感染。胎衣离开母体后，要用稻草、芭蕉叶等抱起，埋在楼梯下面或两条路交叉处。生产完后，在自家竹楼上楼梯的木柱上挂竹皮编制的星星，表示这家生了小孩，本村男子见到这个标志就不进入室内。按照风俗习惯，如果有男子在此时进入，就要当孩子的干爸爸。

一个家庭诞生小孩后，亲朋好友们通常会带着礼品来看望。一般在婴儿生下三四天后，便开始取名字。通常按性别、排行序列取乳名。男孩一般叫做岩（老大）、尼（老二）、桑（老三）、赛（老四），女孩一般叫做月（老大）、玉（老二）、安（老三）、艾（老四）。此外，还有根据婴儿的体重、特征、出生地及所逢节日喜庆取乳名。有的名字也会反映美好的愿望和祝福，如罕（金）、恩（银）、香（宝石）等。子女的名字不能与上辈父母重名，如父亲用“岩”字，所生第一个男孩取乳名时，则忌用“岩”字，可改用“尼”字，以示回避。出生一周后，家长主持祭祀，而到了满月，父母会为孩子举行拴线礼，宴请亲朋好友。

除乳名外，傣家人到上学年龄要取学名。称呼的方法多为姓居前，名居后，但学名一般在家内不常用。傣族人认为，按照本民族习惯取的名字显得更加亲切、随俗。在西双版纳、德宏、耿马一带，一个人一生通常要随年龄、生活、事业数次更改名字，其名可以分别显示出其性别、排行、出生时的特殊日子或事件、官职、所居住的村寨名、族籍、家族名等。

傣族中很少有“重男轻女”的意识，多生情况并不多见。这主要是因为傣族没有常规意义上的姓氏、宗族，也没有强烈的子嗣传宗的观念。此外，儿女婚后从妻居制也使得傣族家庭不一定非生男孩，村寨之中相互抱养孩子的传统和互帮互助的淳厚民风使得子女具有了一定的社会性，没有儿子的家庭也不会有过多的负担和压力。2010 年，傣族育龄妇女共生育子女70 478人，其中男孩 36 318 人，女孩 34 160 人，平均生育子女数 1.53 个，出生人口性别比约为 106。

孩子成年后，通过成年礼获得社交的权利和义务。金平、元江、新平等地傣族女子以衣饰的变换为标志进入成年，西双版纳傣族女子则以新年赶摆时可以自己摆一桌酒席招待同龄亲友为标志正式参与社会活动。信仰南传上座部佛教的地区，男子以入寺为僧，出寺还俗标志成年，取得婚恋的资格。

二、幸福的晚年

傣族社会有传统的敬老观念，不论在社会上还是在家庭之中，老人的地位都很高。在傣家村寨，老人担任“寨老”或“乡老”，他们有权判断是非和劝解纠纷。在家庭之中，老人任一家之长，不论儿子年岁有多大，都得尊重父母的意见。傣族谚语中就说：“田中土丘是谷魂，村上老人是寨宝。”一般村寨之中的大事都会先听取村中老人的意见，重大的节庆和祭祀活动一般也由老人主持。

傣族人很注重家庭教育。例如，《教训儿子处事的道理》《教训妇女做媳妇的礼节》等傣族书籍成为人们遵循的信条，教育子女如何做人，以及妇女应该怎样做家庭主妇。在古时候家家户户都要“算路烂”，即教育子孙。很多古代歌谣中有“敢上算”的歌词，即教育人的话或教育人的歌。而进行教育的人主要靠年迈的老人，教授的内容包括如何狩猎、种植、盖房等生产、生活的基本常识和宗教、教义、族

规等道德规范。

傣族老人　（博林摄）

傣族人对老人十分尊敬。晚辈从长辈及客人面前走过时，无论职位多高、财富多丰，都要弯下腰缓缓而过，以示对长辈和客人的敬意；无论在哪里吃饭，都要让父母或老人坐在上方；儿子长大后，不能再让老人做下地犁田的重活，等等。《斑鸠的启示》这一古老的傣族故事就是有关赡养老人、尊敬老人的孝道故事。一个傣家寨子中的农家夫妻结婚多年后终于有了一对双胞胎儿子。孩子们出世不久，妈妈就去世了，只剩下爸爸独自抚养他们长大。为了养活孩子，贫穷的爸爸经历了千辛万苦。当两个儿子长大成人之时他已积劳成疾，不能再劳动了。两个兄弟看到爸爸变成了废人，就决定把他卖掉。他们两人抬着父亲到街上去卖的路上，看到大青树上两只斑鸠不停地飞进飞出，就问父亲斑鸠在做什么。父亲告诉他们："斑鸠是为了小斑鸠在忙碌，你们小的时候我也这样不停地奔忙，好不容易才把你们拉扯大。现在你们长大了，我老了，不中用了……"说着老泪纵横。兄弟俩听到后深感惭愧，把父亲又抬回了家，悉心照料，让父亲安度了晚年。

傣族家庭中的子女婚后可以离开父母，另行建立自己的小家庭，但多子女者，必须互相协商，留一人（不分男女）跟父母住在一起，以方便照顾父母。傣族基本上是从幼居或从长子居。在从幼居的地方，如西双版纳，幼子未成家前，长子不得分家。在这种扩大家庭中，婚姻不会带来生活方式的显著变化，对于原来的家庭单位而言，只是增加了一个生活成员而已。如果分家后因意外情况父母无人供养，分家的夫妇要搬回来照顾父母。

傣族人视虐待父母或抛弃儿女为不能容忍的缺德行为。按照傣族的规定，不论父母是否为亲生，儿女均有赡养父母的义务。同样，无论子女是否亲生，父母均要赡养和爱护。对于那些虐待父母或抛弃儿女的行为，傣族社会有相应的处罚制度，这种行为也会受到舆论的谴责。

傣族家庭如果只有一个儿子，而且他还出家当了和尚，家中老人随着年龄增长，渐渐地失去劳动能力，必然成为空巢家庭，并且不能投靠儿子。这种空巢家庭的养老主要靠村寨所有人的帮助。空巢老人可以到寺庙与和尚一起吃百家饭，由村里安排时间，每户家庭都会自觉地向寺庙送饭菜、柴火和物品，有的家庭为了烧好适合老人口味的饭菜，还会主动上寺庙征求老人的意见。因此，在傣家村寨，不管是由女儿养老的老人，还是空巢的老人，都不会为养老问题犯愁，集体的力量使每个人都可以安享一个幸福的晚年。

“奘房”是傣族信徒心理寄托的一个重要场所。老年人更是最坚定的宗教信仰者和支持者。年世已高的傣族信徒视南传佛教为晚年的精神寄托，老年人从宗教那里得到的精神慰藉要比中年人、青年人以及未成年人多出许多。

老人死后，遗产由与父母同住的子女继承。父母临死前若有遗嘱，则遵照遗嘱分配财产，如果没有，则有家族长主持分配。通常将财产分成三份，一份用作老人的丧葬和赕佛等费用，另外两份分给子女。子女之中与父母同住的将获得所分总额的2/3，其余1/3由其他儿女共同继承。

第六章

孔雀开屏　绚烂光彩

随着我国西部大开发的深入推进，昆明至曼谷国际大通道的开通，中国——东盟自由贸易区的建设和大湄公河次区域经济合作的发展，深居在我国西南地区的傣族地区走向了开放、繁荣、昌盛的发展之路，傣家人民过上了更加幸福、美好的日子。这瑰丽的前景，正如一只开屏的孔雀，异常绚烂而光彩。

第一节　传统与现代

傣族传统经济主要以农业生产为主，很大程度上依赖大自然的馈赠。长期的农业文明也为当代人留下了宝贵的绿色遗产。气候、风景、森林、清水、矿产、动植物等构成的巨大宝藏，为傣族地区的发展提供了深厚的基础，同时也给傣家人提出一个如何在新时期的现代发展中做好传统文化保护的重要课题。

一、传统文化中的绿色理念

人类文明发展到现代，从游牧社会、农业社会到工业社会，直到当代信息社会，征服自然的能力达到了前所未有的程度。然而，人类依靠先进的科技征服自然，并从中享受现代文明带来的无尽乐趣的同时，对已丧失的传统文明产生了依依不舍的怀旧之情。尤其是受大城市车水马龙的喧嚣和污浊空气熏蒸之苦的人们，内心深处对清静优雅的原始自然景致和充满人类远古文明气息的生活方式产生了无尽的渴望。

珍爱生灵、注重生态环境保护的意识很早便扎根于傣家人的心里，成为傣族约定俗成的一种社会公德。佛教《三藏经》里就有“不杀生”和“放生”的教义，许多傣族信徒按这一要求去行事。在傣族的生存理念中，人与自然的和谐得到充分体现。他们历来就懂得山林和水源的渊源关系，懂得保护森林和保护水源，具有“砍下一棵树，种上十棵树”的传统。傣族有一句俗语“有树才有水，有水才有田，有田才有粮，有粮才有人”。这一思想对傣族社会历史发展和生产生活起到了重要的推动和保障作用。正是得益于这种古老的生存理念，傣族地区很少遇上缺水、缺粮的情况，野生动植物和生态环境得以较好的保护。

富饶的西双版纳　（博林摄）

西双版纳处在东亚和南亚季风交汇的低纬度地带，有着高温、多雨、湿润的气候特点，大部分地区终年无霜，是“没有冬天的热土”。得益于长期的自然保护理念，这里有着世界上北回归线附近保存最为完好、面积最大的热带雨林，也是我国唯一的300多万亩热带雨林。西双版纳森林覆盖率近64%，有7个国家级自然保护区，总面积约400万亩。全州国土面积只占全国的0.2%，而植物种类约占全国的1/5，动物种类约占全国的1/4。西双版纳独有的珍稀植物达341种，珍稀动物46种，药用植物1715种，花卉植物种类为全国之最。

目前，我国西双版纳原始森林中有约300头亚洲象在生息繁衍。在勐腊保护区的象群有着自己习惯行走的象道，经常出入中国和老挝两国之间。他们一直将这片原始森林当做繁衍的栖息地。

二、文化宝藏的再挖掘

傣族居住地区物产丰富，人杰地灵，蕴藏着很多“宝藏”。今天的傣族地区，正接受着交通、通信、媒体传播以及旅游等现代化发展所带来的影响，逐渐形成了一种新的民族文化，其中不仅包括本土文化，也有很多外来文化，甚至全球性的文化。

傣族居住地区是天然的自然资源宝藏。西双版纳素有“滇南谷仓”之称。这里不仅稻米丰足，热带水果种类也繁多，有香蕉、菠萝、芒果、酸梅、酸角、柚子、杨桃、牛心果、菠萝蜜、荔枝、桂圆、椰子、羊奶果、木瓜、山竹、甜角、橄榄和西番莲等。小粒咖啡也是傣族地区的一个特产，这种咖啡浓而不苦，香而不烈，在浓郁的香醇之中，有着特有的果味回甜。

在傣族居住的雨林之中，有闻歌起舞的“跳舞草”，有繁殖能力极强且不会死的“落地生根”，有能预报风雨的“风雨花”，有能使酸味变甜味的“神秘果”，还有轻木、望天树、见血封喉等各种奇花异树。

大面积水稻种植 （博林摄）

这些独特的植物不仅是大自然的造化，也成为农业科学、植物科学等相关学科的重要研究对象。

南药原指东南亚和非洲等地所产的药材。西双版纳特有的“常夏无冬，一雨成秋”的湿润亚热带气候，使之成为动植物共同的“伊甸园”，也成为南药的重要产地。各类动植物在繁盛茂密的雨林庇护下生生不息、繁衍昌盛，蕴藏了丰富而奇异的药物资源，有缩砂蜜、安息香、萝芙木、千年健、蔓京子、使君子、重楼、琥珀等几十种药材。目前，砂仁、萝芙木等南药品种在西双版纳得以较好的研制开发。“活血圣药”血竭是西双版纳的一种特殊南药。血竭又称“麒麟竭”，主要医治跌打、损伤、血瘀疼痛、风湿麻木、妇科杂症等疾病，同时也是配制药品“七厘散”的主要原料。

西双版纳的传统支柱产业是胶、粮、糖、茶，是仅次于海南省的全国第二大天然橡胶生产基地。当前，依托传统产业，西双版纳正在

发展“六大支柱产业”——天然橡胶、傣药南药、生态食品、生态用品、文化旅游和电力，“七大基地”——天然橡胶基地、普洱茶基地、生物油基地、汉麻产业示范基地、傣药南药基地、竹产业基地和绿特食品基地，“四大板块”——天然橡胶、傣药南药、生态食品和生态用品。

德宏地区的芒市、瑞丽等地区的珠宝玉石产业历史悠久、珠宝文化积淀深厚，赏玉、佩玉、玩玉、藏玉的习惯由来已久。历史上，芒市曾是南方丝绸之路的要冲，也是缅甸翡翠进入中国内地的主要通道之一。20 世纪末，随着东盟自由贸易和边境贸易的不断繁荣，芒市珠宝玉石产业得到了较快发展，成为重要的珠宝玉石集散地。

在傣族居住地区，最具文化魅力的一支是花腰傣。他们主要聚居在滇中南地区的新平、元江、通海等县，人口有 6 万多人。花腰傣有着独特的文化特性，他们的传统文化、习俗保留完整，风情奇异。花腰傣文化是原生性的，他们没有受到佛教文化的影响，还保留着最原始的自然崇拜，对自然有着最原始的理解，相信万物皆有神灵。在花腰傣的生产劳作里，还完整地保留着传统的稻作农耕文化，栽种和收割都要祭祀。花腰傣有语言，没有文字，他们的文化都是靠口传心授或传统习俗代代流传，但花腰傣却创造了辉煌的诗篇。他们流传下来的文学丰富，舞蹈优美，歌曲动人。他们住着平顶土掌房，依然保留着染齿和文身的古老习惯。花腰傣文化中最具表现力的就是服饰。“花腰傣服饰是穿在身上的艺术，写在身上的历史。”复杂华丽的服饰把花腰傣的神秘与原始展现得淋漓尽致，成为滇南众多民族文化精粹中的一朵艳丽的奇葩。随着他们的神秘面纱被一层一层揭开，花腰傣文化越来越发挥出强烈的吸引力。

花腰傣所居住的哀牢山也具有独特的自然地理风貌，呈现出典型的原始自然生态。哀牢山处于东南季风区、横断山脉和青藏高原区三大自然地理区域的交汇处，地层古老，地形错综复杂，气候多样，垂直自然带层次完整。哀牢山南北东西过渡交错特征明显，是面积最大、人为干扰最少的中亚热带常绿阔叶林区，有近1500种高等植物，800种野生动物构成的完整而稳定的生态系统。1988年经国务院批准为国家级自然保护区，经中国科学院批准列为联合国“人与生物圈计划”森林生态系统的定位观测站。

第二节　好客水乡的经济腾飞

新中国成立后，尤其是改革开放以来，傣族人民抓住经济发展的机遇，与祖国内地、与东南亚地区加深了经济往来，不仅对外输出了很多名优特产，也吸引了全世界的人们来到傣乡，以开放带来了发展，以旅游促进了发展。举世闻名的普洱茶更将傣族经济推广到全世界，带来了好客水乡的经济腾飞。

一、开放带来的发展契机

从20世纪80年代开始，傣族地区就开始实行对外开放，凭借自然资源、地理位置等优势大力发展经济。21世纪，将云南建成向西南开放的桥头堡的重大战略部署，给云南和傣族地区加快发展带来了千载难逢的历史机遇。西部大开发、兴边富民行动给傣族地区带来了更多的发展机遇。

20世纪50年代前，傣族地区的交通非常闭塞，除中缅公路通往德宏地区外，运输全靠人力背负，牛马扛驮，驿道和马帮运输。从昆明至景洪步行要耗时近一个月，乘汽车至少也要四天。由于条件限制，傣族人很少能去内地，过着“人不过江（澜沧江），马不钉掌（不走远途）”的封闭生活。因“瘴疠之区”等原因，内陆地区的人也很少来这

里，“要到景洪坝，先把老婆嫁”等说法足以反映当时的情况。如今，交通闭塞的“秘境”已成为面向东南亚和南亚的前沿。傣族居住地区县县通汽车，绝大多数乡村兴修了公路。西双版纳、德宏均有了机场，开通了国内外航线。景洪已成云南省第二大航空港，到昆明的交通耗时仅40分钟。

过去，傣家人的收入主要靠种甘蔗，人均年收入只有1000元左右。工业方面仅有少量的纺织、酿酒、榨油、竹木制作等手工业。如今，傣族地区的橡胶、茶叶、甘蔗、南药等热带经济作物优势和沿边区位优势得到发挥，各地先后建立了采矿、机械、电力、化学、陶瓷、皮革、制纸、制盐、食品加工、制茶、榨糖、制胶等厂矿企业，促进了经济发展。各州县都建立了百货、民族贸易、外贸、农具、食品、医药和饮食服务等公司。贸易方式由过去的易货贸易、小额贸易为主转变为一般贸易、转口贸易、加工贸易、资本合作、技术合作、国际汇兑、区域会展等多元化、高水平的形式。

改革开放以来，傣族地区积极调整产业发展结构，第三产业得到了较大发展，饮食服务、边境贸易、金融、邮电通信、旅游、文化、娱乐、教育等领域得到了长足发展。

西双版纳是我国从陆路通往中南半岛的门户和要冲。由于边境的独特地理位置，傣族地区边境贸易迅速发展。在“中国——东盟自由贸易区”中，西双版纳被列为澜沧江——湄公河区域合作的“试验示范区”，成为集商贸、旅游、仓储、加工、通道和金融服务为一体的多功能经济特区。这不仅有利于扩大双边的贸易与经济合作，同时更在于通过澜沧江——湄公河次区域合作机制，提高了中国大西南地区经济的整体竞争能力。中国与泰国两国通过昆曼公路的纽带，实施果蔬“零关税”、“蔬菜换石油”、“花卉换水果”和“冷果换热果”等项目，加大了贸易往来。近年来西双版纳对外经济贸易总额连年增长，年均增长近40%。2012年，引进外来投资资金突破百亿元大关。当前，西双版纳已形成三个特色各异的对外经济贸易区，一是以景洪港口岸为中心的以澜沧江——湄公河为轴线的中、老、缅、泰转口经济贸易区，二是以勐腊县磨憨口岸为中心的中老经济贸易区，三是以勐海县打洛口岸为中心的中缅经济贸易区。

为充分发挥丰富的生物资源优势，西双版纳实施“生物强州”战略，提出“新兴生物资源开发创新工程”，在保护好生物多样性和强化生态环境建设的前提下培植新的经济增长点，充分发挥光、热、水、土的组合优势，加快富集多样的生物资源的全面开发和综合利用。

2012年，西双版纳实现生产总值232.6亿元，比上年增长13.7%；公共财政收入22.3亿元，增长26.5%，公共财政支出80.6亿元，增长20.1%；城镇居民人均可支配收入17 909元，增长14.3%；农民人均纯收入6174元，增长15.9%；城镇登记失业率在2.6%以内；人口自然增长率在6.3‰以内；居民消费价格总水平涨幅在2.9%以内；单位生产总值能耗下降1.7%。

德宏三面与缅甸接壤，是我国陆地连接东南亚、南亚走向印度洋的最佳区位，而且还在历史、资源、文化等方面具有绝佳的优势。傣语中“德宏”的意思是“怒江上游”，因这特殊的地缘和人缘，我国德宏地区与缅甸及东南亚、南亚国家友好往来、互市贸易、文化交流源远流长。德宏以“一个节点，三个基地，三个平台，三个窗口”为目标定位，近年来实现基础设施显著改善、综合服务水平明显提高、产业支撑坚实有力、边境安全更加巩固。2012年，德宏傣族景颇族自治州国内生产总值突破200亿元，实现对外贸易进出口总额159 543万美元。立足当前的发展，德宏未来的发展目标包括十大方面：桥头堡黄金口岸的重要交通节点、生物特色产业基地、绿色生态旅游度假区、进出口加工基地、区域性国际物流仓储基地、区域性金融服务平台、

区域性信息服务平台、区域性文化交流平台、立体口岸体系和空间区域经济片区。

德宏傣族景颇族自治州的所在地芒市是具有亚热带风光和民族特色的中国优秀旅游城市、花果园林城市、滇西边境地区中心城市和现代物流中心、中缅跨境地区发展中心和航空口岸。芒市目前正在打造四大园区——内向型特色产业园、芒市临空经济园、边境贸易园和旅游产业园，七大产业集群——硅铝、建材、生物、旅游、珠宝、天然气化工和林竹产业集群，勾画出了未来芒市发展的新轮廓。

德宏傣族景颇族自治州的另一个城市——瑞丽市，傣语叫勐卯，意为“雾茫茫笼罩的翠绿地方”。瑞丽与缅甸接壤，拥有瑞丽口岸、畹町口岸两个国家级口岸，瑞丽边境经济合作区、畹町边境经济合作区两个国务院批准设立的经济合作区。2000 年 4 月，国务院又批准设立姐告边境贸易区，是中国唯一按照“境内关外”模式实行特殊管理的边境贸易区。瑞丽地势平缓开阔，无天然屏障，交通便捷，贸易兴隆，城市功能配套齐全，是中国大西南通向东南亚、南亚的金大门。其实，早在数百年前，勐卯地区就是傣族政治、经济的中心，还是古代滇越乘象国、勐卯果占壁王国、麓川王国三大古国的国都。这里是中缅两国贸易的中转站和集散地，古代南方丝路的重要通道，也是发展国际陆路运输业的交通枢纽。瑞丽不但具有良好的经济发展潜力，而且还具有迷人的自然风景，脍炙人口的《月光下的凤尾竹》《有一个美丽的地方》等乐曲唱的就是瑞丽的美景。当前，在外交战略机遇以及周边地区机场、铁路等大型利好项目的带动下，瑞丽的边贸交易和旅游产业发展迅速，成为中国四大珠宝集散地之一，也成为带动傣族地区经济发展的重要引擎之一。

随着交通基础设施的进一步完善和经济交往的进一步升温，芒市、瑞丽两市逐渐形成经济一体化发展格局，进而形成芒市—瑞丽—腾冲的滇西旅游精品线路，实现三地各展优势、功能互补、错位发展、双向带动。从更广阔的层面上，西双版纳、德宏和位于两者之间的孟连、耿马等傣族地区相连，可构成一个经济联合体，以景洪市和瑞丽市为两个中心，构成经贸、商业、文化交流的大平台。

二、旅游带动的经济发展

从国际旅游业发展的趋势看，以自然生态、民族文化和人文景观为主要特征的旅游业，是21世纪旅游业发展的主要方向，也是促成世界经济获得结构性调整的重要驱动力。在我国，以环境生态建设为重点的可持续发展战略，是实施西部大开发的重要战略之一。西部地区旅游资源的开发，符合国家开发西部的战略发展观。

一个地区的旅游业能否形成大气候，关键取决于该地区旅游资源的存量、融入旅游市场的条件和能力，以及对现有资源的合理开发利用程度。傣族主要居住地区——西双版纳的旅游业一直以来是该地区的支柱产业，近年来每年到西双版纳的游人达到400万～500万人之多。2011年，西双版纳傣族自治州共接待国内外游客1012万人次，实现旅游总收入超100亿元，第一次实现旅游人次突破千万人次，旅游收入突破百亿元大关。

西双版纳是一个风光旖旎，傣风浓郁的边陲之地。晴朗的天气、温暖的气候、丰富的资源等因素吸引了大批国内外游客。围绕“热带雨林、避寒胜地、和谐家园、神秘风情”的主题，西双版纳正在竖立自己的旅游品牌。民族风情是西双版纳亮丽、独特的风景线。全州目前有景区、景点120多处。其中，A级以上精品旅游景点10处，4A级景点有西双版纳热带植物园、原始森林公园、傣族园等。这里有着满世界的绿、满世界的花、满世界的热带水果。这里的自然和人文景观符合当前人们到原始的大自然探险，去风情奇异的少数民族地方体

味异乡情调，追寻“回归自然”的新时尚。

西双版纳傣族自治州景洪市　（张燕摄）

由于地处边疆的地理位置，傣族居住地区的桥头堡区位凸显，边境游逐步升温。景洪、瑞丽等城市建设正朝着热带风光突出、民族风情浓郁的国际化生态旅游城市的目标迈进。随着进一步整合人与自然和谐相处的环境和优秀的民族文化，旅游业将开拓出更美好的前景。

茶马古道在唐代就已形成，明清最为繁荣。而当今，沿着茶马古道的旅游具有浓郁的民族特色和怀旧特色。自古以来，茶马古道作为大西南地区连接不同地域，打通中国对外交通途径的道路，起到了相当重要的作用。傣族居住地区正是茶马古道的起点，飘香四溢的茶叶正是从这里经过漫漫长路，在铃声和马蹄声中无数次地将傣家茶叶运送到遥远的地方。茶马古道上有着瞬息万变、气象万千的自然景观，也蕴含着神奇而深厚的文化内涵，古道上的古镇、村落、遗迹，都彰显出沧桑的历史文化感，也积淀着无与伦比的文化宝藏。

孟连娜允古镇历史上是茶马古道的重要驿道埠口。古镇始建于1289年，至今仍保存着中国最完整的傣族礼制建筑。城内的孟连宣抚司署曾居住了世袭28代、历时700多年的傣族土司，是云南18座土司衙门中保存最完整的一座。孟连娜允古镇蕴含了丰富多彩的傣族文化，包括宗教建筑、节日民俗、服饰饮食、音乐舞蹈、纺织刺绣等，具有珍贵的历史和艺术价值。除了孟连娜允古镇，茶马古道上还有易武古镇等很多因茶盛、因世衰的古村落，至今留存了很多当年的茶叶文化和马帮遗迹。现如今沿着古道的旅行有着很多探险和探索的意义，随着自由行、人文游的越发升温，古道将绽放新的光芒，为傣族地区的旅游带来崭新的机遇。

三、普洱茶香

普洱茶有着“长寿茶”的美称，具有降脂、降压、防癌、养胃、健牙护齿、消炎等多重功效。《本草纲目拾遗》、《思茅采访》、《物理小识》、《百草镜》、《滇南闻见录》等古籍，都有普洱茶解毒、治病的记载。近年来，国内外对普洱茶的生理、药理功能进行了更加深入的研究，普洱茶的功能也进一步得到了开发。普洱茶具有美容的效果，被誉为是“美容新贵”，可以深层排毒、生津止渴、消暑去热。不同于别的茶贵在新，普洱茶贵在陈，往往会随着时间逐渐升值，因此还曾一度兴起了普洱茶收藏的热潮。因普洱茶的诸多疗效，普洱茶的名气也越来越大，在中国茶叶区域公用品牌价值榜中评估价值近50亿元，排名第三，仅次于西湖龙井和安溪铁观音。

普洱茶的历史可以追溯到东汉时期，距今已达2000年之久。普洱茶被命名为普洱的原因主要是古时的普洱茶均在普洱地区加工和贸易，

所以以“普洱茶”闻名。唐朝时普洱名为步日，属银生节度（今思茅和西双版纳一带），银生茶是为普洱茶的前身，元朝时称之为普茶，明万历年才定名为普洱茶，极盛时期是在清朝。清代檀萃曾写道：“普茶名重于天下，此滇之所产而利赖者也，出普洱茶所属六茶山……周八百里，入山作茶者数十万人。茶客收买，运于各处，每盈路，可谓大钱粮矣。”可见当时普洱茶种植的盛况。光绪二十三年（1897年）以后，法国、英国先后在思茅设立海关，增加了普洱茶的出口远销，茶马古道随之兴旺，现今茶马古道的印迹还存在，记录下了当年运茶马帮的历史。正因为这古老的历史，普洱茶还被称为“可入口的古董”。

著名的普洱茶六大茶山均在西双版纳境内，包括悠乐茶山、革登茶山、倚邦茶山、莽枝茶山、蛮砖茶山和易武茶山，此外还有巴达茶山、布朗茶山、班章茶山、南糯茶山、勐宋茶山等。每个茶山产出的茶都各具特色，例如，悠乐茶山历史上位居“六大茶山”之首，是云南大叶茶的中心产地，历史上最高产量达2000担以上。悠乐山种茶年代久远，相传这里的茶是孔明遗种，故尊奉孔明为茶祖。在倚邦茶山，现在仍能看到茶号遗址、大庙基台、土司府的柱脚石、“龙脊背”石板街、普洱府的茶令牌、乾隆皇帝的敕命碑等遗物和古迹，构成了一段凝固的历史，记载着倚邦茶山曾有的辉煌。易武茶山所产的茶叶外形条索粗壮肥大，茶味浓郁，适宜于制成普洱茶，经久藏后，其汤色褐红，陈香活现。尤其是陈旧的易武春芽，汤色红润耐泡，叶底呈现褐红色，是普洱散茶中的极品。也正因为易武茶的天生丽质，古六大茶山贡茶大都产自于易武乡周围，使易武从产茶量和茶质两方面都一跃成为古代版纳的茶山之冠。班章茶山中的苦茶、涩茶或甜茶，都有一种独特的“班章味”，冷杯香气厚而持久，苦涩味入口即化，回甘生津而绵长，从而使得班章茶山成为现今最受推崇的一个茶山。

普洱茶加工时一般采用紧压技术，制成各种式样，因此普洱茶也被称为一种特殊的雕塑。七子饼是普洱茶的统称，制作时将茶压成饼状，用竹笋叶包装成一扎，一扎七饼，每饼常规七两，因而称为七子饼茶。传统的七子饼普洱茶是古六大茶山各一饼，其他茶山一饼。七子饼茶均用傣家山寨粗大而修长美丽的糯笋竹和龙竹笋壳包装，外观古朴，且防潮透气，经久耐磨，便于运输。

世世代代生息于云南普洱茶区的傣族，与生活在这方热土上的各民族人民一道，在漫长的生产生活中，创造了丰富的茶文化。很多村寨的傣族世代以种茶为生，经过一代代人的辛勤劳作，开辟出了很多具有上千年种植历史的古茶园，成为“天然的博物馆”。这些经历了千年风霜的古老茶树，至今仍然郁郁葱葱，挺立山野，为各族人民默默奉献出片片新绿。西双版纳的大叶种茶加工出的红茶色泽鲜润，香气馥郁；绿茶日毫显明，汤色清绿。著名的茶叶品种有：南糯白毫、佛香茶、云海白毫、岗绿、旋云茶等。繁衍于此的大叶种茶树是普洱茶的原料，也是中国最宝贵的茶树种质资源材料。据说，它们很有可能还是当今世界茶树的正宗原种。

傣族的茶文化融合了茶、竹、水，展现了“诗意生存”的境界。傣族人民以茶待客、以茶为友，和茶结下了不解之缘。普洱茶是最能体现傣族气质的一种茶，它的和合之气，它的品质内敛，它的自然与真性，它的醇厚温和都与这个民族的气质相吻合。竹为普洱茶提供了独具特色的包装形式，普洱茶中的七子饼，均用傣家山寨粗大而修长美丽的糯笋竹和龙竹笋壳包装，使得茶叶能够防潮而透气，经久耐磨，便于运输，外观古朴。好茶还需好水泡，茶与水相生相荣，有好水才有所谓品饮意义的茶，离开了好水，再好的茶都显不出它的意味。傣家人生活在山之上，水之畔，他们与水的关系非常密切，傣乡的水清澈明静、绿波荡漾，是冲茶的最好选择。

随着人们对养生的越发重视，茶也逐渐成为民众修身养性的重要

饮品。而茶文化的日益发展，也为普洱茶种植带来了更多机遇。当前，西双版纳、普洱、勐海、勐腊、耿马、沧源、双江、临沧、元江、景东、大理、屏边、河口、马关等地因普洱茶种植带来了巨大的经济效益，普洱茶也成为很多地区的重要产业支柱。随着对普洱茶的进一步研究和开发，未来傣族地区的普洱茶市场将有更光明的前景。

第三节　传承与发展

经济社会的快速发展使得傣族地区与外界的交流和接触越发频繁，外来的现代文化不断地冲击着传统文化，使得傣家生活习俗、观念发生了巨大变化。与此同时，很多地区也不可避免地付出了经济快速发展的巨大代价——环境肆意破坏、资源无序开发、传统文化没落等。面对这样的境况，最好的出路莫过于做到“保护为主，合理开发”，在当前全球化和城市化的浪潮中抓住机遇，将傣族文化从一个地域引领向全世界。

一、保护与开发

美好的未来需要大力促进经济发展，加大开发力度。然而，随着当今人口、资源、环境问题的日益突出，开发往往以破坏为代价。以热带雨林为例，在高度追求经济利益的当今社会，世界上的雨林遭受了前所未有的破坏。热带地区高温多雨，有机质分解快，生物循环强烈，植被一旦被破坏，极易引发水土流失，导致不可逆转的环境退化。因此，经济发展的同时需要保护好生态环境，维护生物多样性，合理利用资源。如果保护与开发出现了矛盾，首先应以保护为主，开发为辅。

明代《百夷传》记载：“地多平川沃土……地利不能尽”，傣族地区一直以来物产和资源都很丰富。但随着近代以来的人口增加和大力开垦，昔日的肥沃良田被过度开发，山上的植被不再茂密。人们逐渐认识到环境恶化的问题，重新设计和规划傣族地区的自然形态，防止水土流失，人工恢复森林资源。

经济开发过程中的文化保护颇为重要。日益的现代化对傣族的传统文化业产生了一定的影响，如传统服饰大多已被现代服装取代，建筑与钢筋水泥的城市建筑逐渐趋同等。花腰傣及其所属的哀牢山地区，因其独特的遗风和魅力而成为传统文化保存的处女地。随着世人对花腰傣的探秘热情逐渐高涨，花腰傣与外界的交流也日益加深，如何保护好这一文化不被过度同化或消失于城市化和全球化浪潮之中，是傣族地区保护与开发的一个重要方面。

花腰傣的姑娘　（王京摄）

任何民族都不可拒绝发展，在傣族社会的经济发展中，不可避免地会受到外来文化的影响和新观念、快节奏的冲击。保护与开发是相辅相成的，正如传承和发展的关系——理想的发展是传承中的发展，理想的传承是发展中的传承。合理而有序的开发重点在于保护好傣族地区传统文化的精髓。

现在，傣族地区的经济发展又重拾起绿色发展的传统理念。西双版纳傣族自治州等地区制定和出台了《西双版纳傣族自治州森林资源保护条例》、《西双版纳傣族自治州自然保护区管理条例》、《西双版纳傣族自治州澜沧江保护条例》、《西双版纳傣族自治州野生动物保护条例》等地方性法律法规来保护自然资源和环境。

二、雨林的期盼

人类最初是从森林里走出来的。我国西南的那片雨林世世代代哺育和滋养着傣族，见证着他们的历史变迁。在科技高度发达的今天，人们似乎离最初走出的雨林越来越远，不再需要她的庇佑。恩格斯在《自然辩证法》中曾说："人类在以劳动支配自然时，不要过分陶醉于对自然界的胜利……美索不达米亚、希腊、小亚细亚以及其他各地的居民，为了想得到耕地，把森林都砍完了，但是他们想不到，这些地方今天竟因此成为不毛之地，因为他们使这些地方失去了森林，也失去了积累和贮存水分的中心……对于每一次这样的胜利，自然界都报复了我们。"

傣族叙事诗《相勐》中就曾形容傣族地区森林的美景："茫茫的森林，是绿色的世界，绿色的花蕊。没有酒徒的吵闹，色鬼的狂笑，到处是生命的歌声，山泉的琴弦。世间传说天上有仙境，美丽的彩云缭绕着大树，像彩带飘绕着仙女，多情的手轻抚着森林的心。"

傣族谚语中说道："森林是父亲，大地是母亲，田地间谷子至高无上。"在傣族看来，人与自然万物的排序是林、水、田、山、人。可以说，傣族传统的理念之中具有强烈的生态平衡的认识，在长期的实践生活中深刻地认识到人与自然之间的相互依存和制约的关系，代代信奉着"森林育万物，万物土中长"的理念。

傣族古老的万物有灵的信仰对自然界充满崇敬和畏惧，他们善待

独树成林的特有景观 （博林摄）

自然，不敢对自然界为所欲为。这虽是社会文明极度不发达时期的信仰，但在经历了发展一破坏一保护循环之后的今天，我们再回头看一看，这一理念何尝不是人类最朴素和本真的自然保护思想。雨林承载了我们的本源、生命和未来，而在不足百年的时间中，却遭到了破坏。好在我们已经意识到了问题的严重性，开始注重环境、资源和传统文化的保护。在经济利益和长期福祉之间的天平上，现在的我们选择了人与自然和谐的可持续发展道路，而这条道路的行进必然需要我们有所取舍，适当牺牲眼前利益，放慢追逐物质和资本的脚步。

我国最为美丽的风光和丰富的资源很多都分布在边疆少数民族地区，热带雨林是傣族地区的重要资源。雨林必然有着这样的期盼：在雨林里生存着的傣族，成为这片雨林的守护者，他们一家、一族、一村、一寨地联合在一起，正如千百年来曾经肩并肩地走过一样，捍卫和保护着这片土地，繁衍生息，继续着“傣族梦”、“中国梦”……

参考文献

1. 郑晓云．全球化背景下中国及东南亚傣泰民族文化．北京：民族出版社，2008.

2. 郑晓云．全球化与民族文化．郑晓云学术研究文集．北京：中国书籍出版社，2005.

3. 曹成章．傣族村社文化研究．北京：中央民族大学出版社，2006.

4. 曹成章．傣族社会研究．昆明：云南人民出版社，1988.

5. 曹成章，张元庆．傣族．北京：民族出版社，1984.

6. 张公瑾．傣族文化研究．昆明：云南民族出版社，1988.

7. 艾菊红．水之意蕴．傣族水文化研究．北京：中国社会科学出版社，2010.

8. 岩香．傣族民间故事．昆明：云南人民出版社，2009.

9. 刘荣昆．傣族生态文化研究．昆明：云南大学出版社，2011.

10. 周长军，申玉红，杨启祥．水文化中的数学智慧——德宏傣族民俗文化中的数学元素．昆明：云南大学出版社，2011.

11. 谢青松．傣族传统道德研究．北京：中国社会科学出版社，2012.

12. 袁琳瑛．傣族．乌鲁木齐：新疆美术摄影出版社，新疆电子音像出版社，2010.

13. 金子鸥．傣族．长春：吉林文史出版社，2010.

14. 王锋，张晓琴．傣族．北京：中国水利水电出版社，2004.

15. 全国政协文史和学习委员会暨云南省政协文史委员会．傣族．云南特有民族百年实录．北京：中国文史出版社，2010.

16. 郑信哲等．傣族卷．中国少数民族现状与发展调查研究丛书．北京：民族出版社，2006.

17. 郭玉萍．傣族文化探究．南宁：广西民族出版社，2002.

18. 岩峰，王松，刀保尧．傣族文学史．昆明：云南民族出版社，1995.

19. 刀国栋．傣族历史文化漫谭．北京：民族出版社，1992.

20. 刀林荫．西双版纳傣族自治州概况．北京：民族出版社，2008.

21. 袁杰．西双版纳旅游线路导游．昆明：云南人民出版社，2012.

22. 石开忠．民族人口学纲要．贵阳：贵州民族出版社，2010.

23. 柳德江．云南人口地理．昆明：云南大学出版社，2012.

24.《傣族简史》编写组，《傣族简史》修订本编写组．傣族简史．北京：民族出版社，2009.

25.《民族问题五种丛书》云南省编辑委员会，《中国少数民族社会历史调查资料丛刊》修订编辑委员会．傣族社会历史调查（西双版纳，一至十）．北京：民族出版社，2009.

26.《民族问题五种丛书》云南省编辑委员会，《中国少数民族社会历史调查资料丛刊》修订编辑委员会．西双版纳傣族社会综合调查（一至二）．北京：民族出版社，2009.

27.《民族问题五种丛书》云南省编辑委员会，《中国少数民族社

会历史调查资料丛刊》修订编辑委员会．德宏傣族社会历史调查（一至三）．北京：民族出版社，2009.

28. 云南省编辑组，《中国少数民族社会历史调查资料丛刊》修订编辑委员会．思茅玉溪红河傣族社会历史调查．北京：民族出版社，2009.

29. 云南省编辑组，《中国少数民族社会历史调查资料丛刊》修订编辑委员会．临沧地区傣族社会历史调查．北京：民族出版社，2009.

30. 云南省西双版纳傣族自治州地方志办公室．西双版纳傣族自治州志．2003.

31. 西双版纳傣族自治州教育局. 西双版纳傣族自治州教育志(1978—2005年). 昆明：云南出版集团公司，云南科技出版社，2010.

32. 《西双版纳傣族自治州概况》编写组，《西双版纳傣族自治州概况》修订本编写组．西双版纳傣族自治州概况．北京：民族出版社，2008.

33. 《德宏傣族景颇族自治州概况》编写组，《德宏傣族景颇族自治州概况》修订本编写组．德宏傣族景颇族自治州概况．北京：民族出版社，2011.

34. 《孟连傣族拉祜族佤族自治县概况》编写组，《孟连傣族拉祜族佤族自治县概况》修订本编写组．孟连傣族拉祜族佤族自治县概况．北京：民族出版社，2008.

35. 《耿马傣族佤族自治县概况》编写组，《耿马傣族佤族自治县概况》修订本编写组．耿马傣族佤族自治县概况．北京：民族出版社，2007.

36. 《双江拉祜族佤族布朗族傣族自治县概况》编写组，《双江拉祜族佤族布朗族傣族自治县概况》修订本编写组．双江拉祜族佤族布朗族傣族自治县概况．北京：民族出版社，2008.

37.《景谷傣族彝族自治县概况》编写组，《景谷傣族彝族自治县概况》修订本编写组．景谷傣族彝族自治县概况．北京：民族出版社，2007.

38.《新平彝族傣族自治县概况》编写组，《新平彝族傣族自治县概况》修订本编写组．新平彝族傣族自治县概况．北京：民族出版社，2008.

39.《元江哈尼族彝族傣族自治县概况》编写组，《元江哈尼族彝族傣族自治县概况》修订本编写组．元江哈尼族彝族傣族自治县概况．北京：民族出版社，2008.

40.《金平苗族瑶族傣族自治县概况》编写组，《金平苗族瑶族傣族自治县概况》修订本编写组．金平苗族瑶族傣族自治县概况．北京：民族出版社，2008.

41. 国务院人口普查办公室，国家统计局人口和就业统计司．中国2010年人口普查资料（上中下册）．北京：中国统计出版社，2012.

42. 国务院人口普查办公室，国家统计局人口和就业统计司．2010年第六次全国人口普查主要数据．北京：中国统计出版社，2011.

43. 公安部治安管理局．中华人民共和国分县市人口统计资料（2010年）．北京：群众出版社，2011.

44. 云南省统计局．云南统计年鉴（2012）．北京：中国统计出版社，2012.

45. 徐梅，吴永贵．浅论傣医药文化的“药食同源”[J]．中国民族医药杂志，2010，16（2）：67，70.

46. 熊坤新，彭晓霞．傣族伦理思想面面观[J]．新疆师范大学学报（哲学社会科学版），2008，29（1）：58～65.

47. 刘荣昆．傣族生态文化研究[D]．云南师范大学，2006.

48. 王水静．云南傣族生死观研究[D]．西南大学，2011.

49. 李瑛．比较视野中景谷傣族文化特质及其旅游价值的研究与思考［J］．贵州民族研究，2008，28（4）：97～101.

50. 贺锡德．中国少数民族乐器介绍之十一——云南多个少数民族共有的葫芦丝［J］．音响技术，2007，(6)：75～76.

51. 范宁．当代德宏泼水节形态研究［D］．中央民族大学，2012.

52. 戴翥，陈普，张雪冰等．傣族文化滋养下的傣医医德［J］．中国民族医药杂志，2010，16（10）：1～5.

53. 苏娜．藏传佛教文物［D］．中央民族大学，2009.

54. 隋丽．论生态审美民族性的内涵与表征［J］．山东社会科学，2012，(5)：87～90.

55. 周长军，申玉红，杨启祥等．云南德宏傣族文化中的数学因素调查分析［J］．数学教育学报，2010，19（3）：56～59.

56. 郑晓云．傣族的水文化与可持续发展［J］．思想战线，2005，31（6）：76～81.

57. 郭世偲．傣族民间舞蹈文化内涵研究及教学思考［D］．湖南师范大学，2007.

58. 娴子．西双版纳手工技艺的精致美［J］．今日民族，2013，(1)：30～31.

59. 孙嫱，孙振玉．傣族地方人生场域中的灵魂关照——以官纯寨为例［J］．北方民族大学学报（哲学社会科学版），2010，(3)：71～75.

60. 于涛方，李娜，吴志强等．2000年以来珠三角巨型城市地区区域格局及变化［J］．城市规划学刊，2009，(1)：23～32.

61. 周娅．贝叶文化的社会经济价值［J］．思想战线，2006，32(3)：36～44.

62. 李银兵．云南新平花腰傣花街节研究［D］．中央民族大学，2009.

63. 罗琼芬，梁宇明．文山山傣及其民歌．民族音乐．2009，6：45～46.

64. 张为杰．德宏傣族景颇族自治州耕地与基本农田保护研究［D］．云南财经大学，2011.

65. 蔡荣男．傣语的声调格局和元音格局［D］．南开大学，2003.

66. 骆小所，太琼娥．云南壮侗语族语言地理分布探析［J］．楚雄师范学院学报，2011，26（2）：12～16.

67. 王金亮，古静．云南民族文化中环境与生物多样性保护意识探析［J］．云南师范大学学报（哲学社会科学版），2009，41（1）：35～43.

68. 沈小碚．傣族地区基础教育多元文化课程的建构［D］．西南大学，2006.

69. 冯玉华．杨慎诗词与云南旅游文化［D］．云南师范大学，2006.

70. 董艺．曼宰竜佛寺僧舍外墙壁画研究［D］．中央民族大学，2012.

71. 甘友庆．从历史文献资料看南传上座部佛教在云南傣族地区的传播［C］．第二届全国贝叶文化研讨会论文集，2006：377～389.

72. 杨剑炜．西双版纳傣族自治州野生植物保护法律制度研究［D］．中央民族大学，2010.

73. 李楠．滇西南傣族传统服饰色彩研究［D］．北京服装学院，2011.

74. 王晓丹．傣族妇女的服饰文化与变迁发展［J］．文山师范高等专科学校学报，2001，13（2）：68～71.

75. 林艳芳，邓群．中国傣族传统医药学发展概况［J］．中国民族医药杂志，2009，15（10）：1～5.

76. 黄兴球．德宏傣族土司宗法文化漫论［J］．贵州民族研究，

2008，28（5）：19～26.

77. 吴东海．傣语四音格研究［D］．中央民族大学，2005.

78. 胡琰．边界与逾越：傣族泼水节仪式的文本性［D］．中央民族大学，2007.

79. 孙阳．滇中南花腰傣传统服饰色彩研究［D］．北京服装学院，2012.

80. 张春燕．传统与现代——民族旅游业开发中的泼水节［D］．中央民族大学，2009.

81. 张劲梅．西南少数民族大学生的文化适应研究［D］．西南大学，2008.

82. 冯百跃．傣族的“泼水节”与象脚鼓舞［J］．南京艺术学院学报（音乐与表演版），2008，（1）：116～121.

83. 杨文学，杨文安．花腰傣人的葬礼及其灵魂观探析［J］．云南师范大学学报（哲学社会科学版），2006，38（2）：10～14.

84. 何欣．“五位一体”打造桥头堡黄金口岸［J］．今日民族，2013，（4）：10～13.

85. 常振华．西双版纳橡胶经济发展与傣族居民的变迁［D］．青岛理工大学，2011.

后记

写好《傣族》这一本书其实不易。这一民族历史之悠久、文化之深远、习俗之丰富，在越发深入了解的过程之中才会感到难以全面把握。当前，翻阅书刊或点击网络，关于傣族的各种成果和论述非常之多，而如何写出新意和特色成为作者在写作过程中一直困扰和努力解决的问题。在众多前辈已达成共识的内容基础之上，本书力图向读者展示一幅优美的人文画卷，以古老的传说和传统的习俗为主线，介绍傣族生活的全貌。由于介绍一个民族所涉及的方方面面过多，本书很难全面展开，所以以简明扼要的方式，重点介绍了傣族历史、地理、宗教、人口、艺术、生活习俗、婚姻家庭、经济发展等几个方面。因傣族支系较多，不同地区、不同支系的风俗习惯也不尽相同，本书以介绍西双版纳傣族的习俗为主，在部分章节兼顾了其他地区。因作者水平有限，加之时间仓促，书稿也留下了一些遗憾和不足，不当之处恳请读者批评指正。

我要感谢尹杰老师、姚丽娟教授、徐平教授、路芳研究员，我的爱人郭勇，及我的朋友刘诚林、李军、张燕、李文平、王渊博、何晶等，他们或是对书稿的写作提出了宝贵建议，或是贡献了精美的照片，或是提供了相关材料和其他诸多帮助。在写作过程中，本书重点参考

了《傣族简史》，以及《民族问题五种丛书》、《中国少数民族社会历史调查资料丛刊》等书籍中有关傣族的内容，在此表示衷心的感谢和崇高的敬意。百度、谷歌以及中国网、中国民族网、傣族网、西双版纳网、新平网等网络资源整合了大量内容，也是本书各类素材的来源。

感谢中国人口出版社给我提供了这次机会。我要特别感谢阎欣编辑以及美编等工作人员，他们敬业、热心，提供了很多帮助，为本书的出版做了大量的工作。

在我国这西南边陲的唯一一片雨林之中，世居的傣族既保留了传统文化，又融入了现代文明。千百年的历史中走来，傣族已经证明了自身的独特和魅力。相信在未来，傣族必将继续传承和进一步发扬古老文化，且将绽放新的光芒，在民族发展历史上描绘浓墨重彩的华美乐章。谨以此书献给这具有悠久文化的民族，愿她和她的人民一起，无论风雨如何变幻，依然续写那犹如孔雀般美丽动人的传说。

包路林

2013 年 12 月